大数据与智慧图书馆服务创新

朱田林 李大龙◎编著

甘肃科学技术出版社

甘肃·兰州

图书在版编目（CIP）数据

大数据与智慧图书馆服务创新 / 朱田林，李大龙编著. —— 兰州：甘肃科学技术出版社，2024.10.
ISBN 978－7－5424－3249－0

Ⅰ.G250.76

中国国家版本馆 CIP 数据核字第 202402L6G5 号

大数据与智慧图书馆服务创新

朱田林　李大龙　编　著

责任编辑	何晓东
封面设计	杰欧图书

出　版	甘肃科学技术出版社
社　址	兰州市城关区曹家巷1号　　730030
电　话	0931－2131570（编辑部）　0931－8773237（发行部）

发　行	甘肃科学技术出版社	印　刷	三河市富华印刷包装有限公司
开　本	787 毫米×1092 毫米　1/16	印　张	6.25　　字　数　150 千字
版　次	2024 年 10 月第 1 版		
印　次	2024 年 10 月第 1 次印刷		
印　数	1~3000		
书　号	ISBN 978-7-5424-3249-0	定　价	68.00 元

图书若有破损、缺页可随时与本社联系：0931-8773237
本书所有内容经作者同意授权，并许可使用
未经同意，不得以任何形式复制转载

目　　录

第一章　引言 ··· 1
　　第一节　数字化与信息化背景下的图书馆转型 ·································· 1
　　第二节　大数据时代的图书馆信息资源管理 ······································ 3
　　第三节　智慧图书馆的定义与特征 ·· 4
第二章　大数据分析基础 ··· 10
　　第一节　大数据的概念与特点 ··· 10
　　第二节　大数据分析技术与方法 ·· 11
　　第三节　大数据分析在图书馆中的应用价值 ····································· 15
第三章　智慧图书馆的技术架构 ·· 18
　　第一节　智慧图书馆的基础设施 ·· 18
　　第二节　智慧图书馆的信息资源平台 ·· 31
　　第三节　智慧图书馆的服务体系 ·· 45
第四章　大数据与图书馆信息资源管理 ·· 51
　　第一节　图书馆信息资源的种类与特点 ··· 51
　　第二节　基于大数据的图书馆信息资源推荐系统 ······························ 58
第五章　大数据分析在图书馆用户行为研究中的应用 ······················ 75
　　第一节　图书馆用户行为数据的收集与分析 ···································· 75
　　第二节　用户行为分析在图书馆服务改进中的应用 ·························· 83
参考文献 ··· 91

第一章 引 言

第一节 数字化与信息化背景下的图书馆转型

一、图书馆资源的数字化转型

随着科技的日新月异,图书馆资源的数字化转型已经成为一个不可避免的趋势。过去,图书馆主要以纸质图书文献为主,占地面积广,维护和管理成本高昂。然而,随着数字化技术的飞速发展,纸质图书文献开始逐渐转化为电子资源,如电子书、电子期刊、数字化数据库等。这种转变不仅大大节省了图书馆的存储空间,还使得图书馆的馆藏资源不再受物理空间的限制,实现了全球范围内的共享和快速传递。

数字化转型给图书馆带来了许多优势。一方面,数字化资源可以方便地通过网络进行传播和分享,使得更多的读者能够方便地获取到所需的信息。另一方面,数字化资源具有更高的可检索性和可复制性,读者可以通过关键词搜索、元数据描述等技术手段,更加快速、准确地定位到所需信息,大大提高了信息获取的效率。此外,数字化资源还可以实现全文检索和多媒体检索,为读者提供更加全面、丰富的信息获取体验。

在数字化转型的过程中,图书馆还需要注意一些问题。首先,数字化资源的版权问题需要得到妥善解决,以确保图书馆在数字化过程中不会侵犯到原作者的权益。其次,图书馆需要加强对数字化资源的管理和维护,确保资源的完整性和可用性。此外,图书馆还需要对数字化资源进行定期更新和维护,以保证资源的时效性和准确性。

二、信息检索的便捷性

在数字化时代,信息检索的便捷性为图书馆服务的重要特征之一。传统的纸质图书文献检索需要读者在庞大的书海中逐一翻阅、比对,不仅效率低下,而且容易漏检或误检。而数字化技术为图书馆的信息检索带来了革命性的变化,使得读者可以更加快速、准确地定位到所需信息。

数字化技术为图书馆信息检索提供了多种手段。其中,关键词搜索是最为常见的一种方式。读者只需要输入关键词,系统就会根据关键词在数据库中进行检索,并返回相关结果。元数据描述也是一种重要的信息检索手段。元数据是对资源内容、结构、属性等进行描述的数据,通过元数据描述,读者可以更加准确地了解资源的内容和特征,从而快速定位到所需信息。

除了关键词搜索和元数据描述,还有一些其他的信息检索技术也在图书馆中得到了广泛应用。例如,语义检索技术可以根据语义关系对信息进行智能匹配和推理,提高检索的准确性和效率。此外,图像识别、自然语言处理等先进技术也在图书馆信息检索中发挥着越来越重要的作用。

信息检索的便捷性不仅提高了读者的信息获取效率,也为图书馆的服务质量提升带来了重要支撑。图书馆可以通过优化信息检索系统、提高检索准确性等方式,进一步提升信息检索的便捷性,满足读者的多样化需求。

三、图书馆的自动化和智能化发展

随着数字化技术的深入应用,图书馆的自动化和智能化发展成了图书馆事业的重要方向。

在自动化方面,图书馆已经广泛应用了自动化借还系统、自动化分拣系统等技术手段。这些系统可以自动完成图书的借还、分拣等工作,大大节省了人力资源,提高了工作效率。自动化技术还可以应用于图书馆的安防、环境监测等方面,提高图书馆的安全性和舒适度。

在智能化方面,图书馆也开始探索应用人工智能技术。例如,智能推荐系统可以根据读者的借阅记录、搜索行为等数据分析结果,为读者推荐相关的图书和文献资源,提高信息获取的准确性和效率。此外,机器人导航、智能问答等技术也在图书馆中得到了应用,为读者提供更加便捷、个性化的服务体验。

图书馆的自动化和智能化发展不仅可以提高图书馆的管理效率和服务质量,还可以为读者带来更加智能化、个性化的服务体验。未来,随着技术的不断进步和应用场景的不断拓展,图书馆的自动化和智能化发展将会迎来更加广阔的前景和更加丰富的应用场景。

第二节　大数据时代的图书馆信息资源管理

一、大数据时代的挑战与机遇

大数据,作为一种新兴的数据形态,以其规模庞大、类型多样、处理速度快以及价值密度低的特点,对图书馆的传统信息资源管理模式提出了巨大的考验。在这样的背景下,图书馆需要积极应对挑战,把握机遇,实现信息资源管理的创新与发展。

第一,大数据时代对图书馆的信息资源管理能力提出了更高的要求。在传统的信息资源管理模式下,图书馆主要依赖人工进行分类、整理、存储等操作,效率低下且易出错。然而,在大数据时代,图书馆需要处理的数据量呈指数级增长,数据类型也变得更加丰富多样,如文本、图像、音频、视频等。这使得图书馆需要借助先进的技术工具和方法,提高信息资源的处理效率和质量。

第二,大数据时代为图书馆的信息资源管理带来了前所未有的机遇。大数据技术的应用可以帮助图书馆更好地挖掘和利用信息资源,提高信息资源的利用率和价值。例如,通过大数据分析技术,图书馆可以深入了解读者的阅读偏好、借阅习惯等信息,为读者提供更加个性化、精准的服务。大数据技术还可以帮助图书馆发现知识之间的内在联系和规律,为学术研究提供有力支持。面对大数据时代的挑战与机遇,图书馆需要积极转变思想观念,加强技术创新和人才培养,构建高效的信息资源管理体系,实现信息资源的共建共享,提供精准、个性化的服务,为学术研究提供有力支持。只有这样,图书馆才能在大数据时代中立于不败之地,为读者和社会作出更大的贡献。

二、构建高效的信息资源管理体系

在大数据时代,图书馆的信息资源管理体系需要进行全面地优化和升级,以适应数据规模庞大、类型多样、处理速度快等挑战。为了构建高效的信息资源管理体系,图书馆需要从以下几个方面入手。

(一)完善信息资源的采集策略

图书馆需要制定科学的信息资源采集策略,确保能够全面、准确地获取各类信息资源。这包括对传统文献资源的采集,如图书、期刊、报纸等,也包括对数字资源的采集,如电子图书、电子期刊、数据库等。同时,图书馆还需要关注社交媒体、博客、论坛等新型信息资源的采集,以满足读者的多元化需求。

(二)建立高效的信息存储系统

在大数据时代,图书馆需要建立高效的信息存储系统,确保信息资源的安全和可访问性。

这包括选择合适的存储设备和存储技术，如分布式文件系统、云存储等，以满足大规模数据存储的需求。同时，图书馆还需要制定完善的数据备份和恢复策略，确保在数据丢失或损坏时能够及时恢复。

（三）利用先进的大数据技术处理和分析信息资源

图书馆需要利用先进的大数据技术，如数据挖掘、机器学习等，对信息资源进行深入挖掘和分析。这可以帮助图书馆更好地了解信息资源的内在结构和联系，提高信息资源的利用率和价值。同时，图书馆还需要建立数据质量评估体系，确保数据的准确性和可靠性。

（四）加强信息资源的整合和共享

在大数据时代，图书馆需要加强与其他机构的合作，实现信息资源的共建共享。这不仅可以扩大图书馆的信息资源规模，提高信息资源的利用率，还可以满足读者的多元化需求。图书馆可以通过建立信息资源共享平台、开展馆际互借等方式实现信息资源的共享。

三、精准与个性化的服务

随着大数据时代的来临，图书馆有机会更加深入地了解读者，并据此提供更为精准和个性化的服务。通过运用先进的大数据分析技术，图书馆可以深入挖掘读者的行为模式、兴趣偏好以及阅读需求。

借助读者的借阅记录、在线浏览记录以及搜索历史等数据，图书馆可以构建出每位读者的个性化阅读画像。这种画像不仅反映了读者的阅读习惯和兴趣点，还能够预测他们未来的阅读需求。基于这些分析结果，图书馆可以为读者推荐与其兴趣相符的图书和资源，提升读者的阅读体验。

此外，图书馆还重视读者的反馈和评价。通过收集和分析读者的满意度调查、评论和社交媒体上的讨论，图书馆可以不断优化其服务内容和方式。例如，根据读者的反馈调整图书采购策略、改进图书馆的设施布局或优化在线服务平台的功能。这种持续改进的态度和做法有助于提高读者的满意度和忠诚度。

第三节　智慧图书馆的定义与特征

智慧图书馆是在数字化和信息化背景下，运用现代信息技术和智能化设备，实现图书馆的智能化管理和个性化服务的新型图书馆形态。智慧图书馆不仅具备传统图书馆的基本功能，还能够通过智能化手段，提供更加高效、便捷的服务体验。

一、智能化管理

智慧图书馆通过智能化设备和技术手段，实现对馆藏资源、读者行为等的智能化管理。这包括自动化借还书系统、智能导览系统、智能推荐系统等，提高了图书馆的管理效率和服务质量。

(一) 自动化借还书系统

在智慧图书馆中,自动化借还书系统是一项重要的智能化管理手段。该系统通过集成无线射频识别(RFID)技术、自助借还书机以及图书馆管理系统,实现了图书的自动识别和快速借还。读者只需将图书放置在自助借还书机的指定区域,系统即可自动识别图书信息,并完成借阅或归还的操作。这一系统的应用,不仅大大缩短了读者借还书的时间,减轻了图书馆工作人员的工作负担,还提高了图书馆的流通效率和服务水平。

自动化借还书系统的优势在于其高效性和便捷性。传统的借还书流程往往需要人工操作,不仅效率低下,而且容易出现误差。而自动化借还书系统则能够实时更新图书信息,确保借阅和归还的准确性。此外,该系统还具备自助化的特点,使读者能够随时随地进行借还书操作,无需等待图书馆工作人员的协助。

然而,自动化借还书系统也面临着一些挑战和问题。一方面,系统的稳定性和安全性是至关重要的。一旦系统出现故障或漏洞,可能会导致图书信息的丢失或被篡改。因此,图书馆需要加强对系统的维护和更新,确保其正常运行和数据安全。另一方面,图书馆还需要加强对读者的培训和引导,使其能够熟练使用自助借还书机,避免因操作不当导致的问题。

(二) 智能导览系统

智慧图书馆的智能导览系统通过集成地理信息系统(GIS)技术、室内定位技术以及多媒体展示手段,为读者提供便捷、高效的导航和导览服务。读者可以通过智能导览系统查询图书馆的布局、资源分布以及各类服务设施的位置信息,同时还可以获取图书的详细介绍和推荐信息。该系统不仅能够帮助读者快速找到所需的图书或资源,还能提供个性化的导览体验,增强读者的阅读兴趣。

智能导览系统的应用,使得图书馆的导航和导览更加智能化和人性化。传统的图书馆导览往往依赖于纸质地图或工作人员的指引,而智能导览系统则能够提供更加准确和详细的导航信息,使读者能够快速定位到目标位置。此外,该系统还能够根据读者的兴趣和需求,为其推荐相关的图书和资源,提高读者的阅读体验和满意度。

然而,智能导览系统的建设和应用也面临着一些挑战和问题。一方面,系统的准确性和稳定性是至关重要的。如果导航信息不准确或系统出现故障,可能会导致读者无法找到目标位置或资源浪费。因此,图书馆需要加强对系统的测试和维护,确保其准确性和稳定性。另一方面,图书馆还需要加强对读者的培训和引导,使其能够熟练使用智能导览系统,避免因操作不当导致的问题。

(三) 智能推荐系统

智慧图书馆的智能推荐系统通过集成大数据分析技术、机器学习算法以及用户行为分析等手段,实现对读者的个性化推荐服务。该系统能够根据读者的借阅历史、浏览行为以及兴趣爱好等信息,为其推荐相关的图书和资源。

智能推荐系统的应用,使得图书馆的推荐服务更加精准和个性化。传统的图书馆推荐往往依赖于馆员的推荐或读者的自主搜索,而智能推荐系统则能够根据读者的兴趣和需求,为其推荐更加符合其需求的图书和资源。此外,该系统还能够根据读者的反馈和评价,不断优化推荐算法和模型,提高推荐的准确性和质量。

然而,智能推荐系统的建设和应用也面临着一些挑战和问题。一方面,数据的安全性和隐私保护问题。图书馆需要加强对用户数据的保护和管理,避免数据泄露或被滥用。另一方面,推荐算法和模型的准确性和可靠性也是至关重要的。如果算法不准确或模型不稳定,可能会导致推荐结果不准确或无法满足读者的需求。因此,图书馆需要加强对推荐算法和模型的研究和优化,提高其准确性和可靠性。

(四)智能化设备与技术手段的综合应用

智慧图书馆通过综合运用各种智能化设备和技术手段,如物联网技术、云计算平台、移动应用等,实现了对馆藏资源、读者行为等的全面智能化管理。这些设备和技术手段相互协同、互为补充,共同构成了智慧图书馆的核心架构。

物联网技术的应用使得图书馆能够实现对各类资源的实时监控和管理。通过部署各种传感器和设备,图书馆可以实时获取图书的位置、状态以及使用情况等信息,为管理决策提供有力支持。同时,物联网技术还能够实现图书的自动盘点和整理等功能,提高图书馆的工作效率和服务质量。

云计算平台则为图书馆提供了强大的计算和存储能力。通过云计算平台,图书馆可以实现对海量数据的处理和分析,为智能推荐、数据分析等功能提供强大的支持。同时,云计算平台还能够实现图书馆资源的共享和协同工作,提高图书馆之间的合作效率和资源共享水平。

移动应用则使得读者能够随时随地访问图书馆的资源和服务。通过移动应用,读者可以查询图书信息、借阅图书、参与活动等,实现与图书馆的实时互动和交流。移动应用还能够为读者提供个性化的服务体验,如定制化的推荐、个性化的界面等。

二、个性化服务

智慧图书馆通过大数据分析等技术手段,深入了解读者的需求和兴趣,为读者提供个性化的服务。这包括个性化推荐、定制化服务、智能问答等,满足了读者的多元化需求。

(一)个性化推荐系统

个性化推荐系统是智慧图书馆的核心特色之一。该系统基于大数据分析技术,能够深度挖掘读者的阅读偏好、借阅历史、浏览行为等多维度信息。通过算法分析,图书馆能够预测每位读者可能感兴趣的书籍或资源,进而在图书馆的网站、移动应用或实体空间中进行精准推荐。为了提供准确的个性化推荐,智慧图书馆需要对大量的读者数据进行收集和处理,包括读者的借阅记录、在线搜索行为、浏览页面停留时间等。图书馆利用先进的数据清洗和整合技术,确保数据的准确性和有效性。在收集到足够的数据后,智慧图书馆会运用机器学习算法,如协同过滤、基于内容的推荐等,来建立推荐模型。这些模型能够自动学习和识别读者的兴趣变化,并据此生成个性化的推荐列表。个性化推荐的结果通过多种方式展示给读者,包括图书馆网站的首页推荐、移动应用的推送通知、实体图书馆的推荐书架等。这样的展示方式确保了读者无论在任何场景下都能方便地接收到个性化的推荐信息。为了不断提高推荐系统的准确性和用户满意度,智慧图书馆还会定期对推荐效果进行评估。通过收集读者对推荐结果的反馈数据,图书馆能够发现系统存在的问题并进行优化,从而提升个性化推荐的服务。

（二）定制化服务

除了个性化推荐外,智慧图书馆还提供了一系列定制化服务,以满足不同读者的特殊需求。个性化阅读计划针对有特定阅读目标的读者,智慧图书馆提供个性化的阅读计划服务。读者可以根据自己的兴趣和需求,制定阅读计划,并获得图书馆的推荐书籍和阅读指导。智慧图书馆还提供了定制化的培训课程,帮助读者提升特定的知识或技能。这些课程可以根据读者的学习进度和反馈进行调整,确保每位读者都能获得最佳的学习体验。

（三）智能问答系统

为了满足读者的即时咨询需求,智慧图书馆还引入了智能问答系统。智能问答系统基于先进的自然语言处理技术,能够理解并解析读者的提问。无论读者使用何种语言或表达方式,系统都能够准确理解其意图并提供相应的答案。智能问答系统具备实时响应的能力,能够在短时间内为读者提供准确的答案。同时,系统还支持与读者的交互,能够根据读者的反馈进行智能调整,提升回答的质量。智慧图书馆的智能问答系统支持多种平台,包括图书馆网站、移动应用等。读者可以随时随地使用智能问答系统,获取所需的帮助和信息。

（四）数据安全与隐私保护

在提供个性化服务的过程中,智慧图书馆高度重视读者的数据安全与隐私保护。图书馆建立了严格的数据管理制度,确保读者数据的安全性和完整性。只有经过授权的人员才能访问和处理这些数据。为了防止数据泄露和非法访问,智慧图书馆采用了先进的加密技术,对读者数据进行加密存储和传输。这样即使在数据传输过程中遭到拦截,也无法获取到真实的读者数据。图书馆还定期进行安全检查和评估,及时发现并修复可能存在的安全隐患。另外,图书馆还会根据最新的安全技术和标准,不断更新和完善其安全管理体系。

（五）读者参与反馈机制

图书馆定期开展读者调查和意见征集活动,了解读者对个性化服务的满意度和改进建议。这些反馈数据对于优化服务流程和提升服务质量具有重要意义。图书馆会根据读者的反馈和建议,对个性化服务进行持续改进和优化,包括调整推荐算法、优化定制化服务流程、提升智能问答系统的准确性等。智慧图书馆还建立了读者社区,为读者提供一个交流和分享的平台。在这个社区中,读者可以分享自己的阅读心得、推荐好书、交流学习经验等,从而丰富自己的阅读生活并结识更多志同道合的朋友。

三、资源共享

资源共享,作为智慧图书馆的核心功能之一,为读者提供了前所未有的便利与丰富的资源体验。这种合作与共享的模式,不仅促进了知识的流通,还实现了资源的最大化利用,为图书馆与合作伙伴带来了双赢的局面,同时也是推动图书馆事业持续发展的重要动力。

（一）馆际互借：打破地域限制,实现资源共享

馆际互借作为智慧图书馆资源共享的重要形式之一,通过与其他图书馆建立互借关系,打破了地域限制,实现了资源的共享。这种合作方式不仅为读者提供了更加丰富的阅读选择,还提高了馆藏资源的利用效率。读者可以通过馆际互借,借阅到其他图书馆的藏书,无论是稀有文献还是热门图书,都能够轻松获得。这种便捷的借阅方式,为读者节省了大量的时间和精

力,提高了阅读体验。同时,馆际互借也促进了各图书馆之间的合作与交流,推动了图书馆事业的共同发展。通过互相借阅、共享资源,各图书馆可以相互学习、借鉴经验,提高服务水平和管理效率。这种合作与交流,不仅有助于图书馆事业的繁荣与发展,也为读者带来了更加优质、便捷的服务体验。

(二)文献传递:快速、准确地知识传递

文献传递是智慧图书馆资源共享的又一重要手段。通过高效的物流系统和先进的信息技术,智慧图书馆可以将读者所需的文献快速、准确地传递到读者手中。这种文献传递的方式,不仅满足了读者的个性化需求,还提高了图书馆的服务效率和质量。无论是学术论文、会议资料还是珍贵古籍,图书馆都能够通过文献传递的方式,及时送达读者手中,为读者提供了极大的便利和支持。同时,文献传递也促进了知识的快速流通和学术研究的进步与发展,使学术成果能够更快地传播到更广泛的读者群体中,推动学术研究的深入和创新。

(三)开放获取:推动知识资源的公共利用

开放获取是智慧图书馆资源共享的重要理念之一。通过开放获取,图书馆可以将大量的学术资源、研究成果等免费提供给读者使用,推动了知识的公共利用和传播,这不仅降低了读者的获取成本,还促进了学术研究的开放性和透明度。读者可以通过智慧图书馆的平台,轻松地获取到各种学术资源,无需支付高昂的费用。这种开放获取的方式,为学术界、产业界等提供了丰富的知识资源支持,推动了学术研究的进步和发展。同时,开放获取也为图书馆与学术界、产业界等建立了紧密的合作关系,共同推动产学研的深度融合。

(四)合作共建:实现资源共享的可持续发展

合作共建是智慧图书馆资源共享的重要保证。通过与其他机构、企业等合作共建图书馆资源,不仅可以实现资源的互补和优化配置,还可以提高资源的可持续利用能力。这种合作共建的模式,不仅促进了资源的共享和利用,推动了图书馆事业的可持续发展,还为图书馆带来了更多的资金来源和技术支持,为图书馆的发展提供了强有力的保障。同时,合作共建也促进了图书馆与社会的紧密联系和合作,为图书馆的可持续发展注入了新的动力和活力。

(五)资源共享的未来展望:智慧图书馆与社会的协同发展

随着信息技术的不断发展和社会的不断进步,智慧图书馆的资源共享将迎来更加广阔的前景。未来,智慧图书馆将更加注重与社会的协同发展,通过更加深入的合作与共享,实现资源的最大化利用和知识的广泛传播。同时,智慧图书馆还将积极探索新的共享模式和服务方式,以满足读者日益增长的个性化需求和社会发展的多样化需求。在这个过程中,智慧图书馆将不断推动知识的创新与应用,为社会的繁荣与进步贡献更多的智慧和力量。

四、环境友好

智慧图书馆注重绿色环保和节能减排,通过智能化设备和技术手段,降低图书馆的能耗和碳排放。同时,智慧图书馆还提供了舒适、便捷的阅读环境,为读者带来了更好的阅读体验。

(一)绿色环保理念

在智慧图书馆的建设与运营中,绿色环保理念始终贯穿于其中。这不仅是图书馆对社会责任的积极承担,更是为读者创造一个健康、舒适阅读环境的坚定承诺。智慧图书馆从建筑设

计到日常运营,都积极采用环保材料和节能技术,旨在减少对环境的影响。在建筑设计上,智慧图书馆采用环保建筑材料,如绿色建筑认证的材料和可循环使用的建筑材料。同时,图书馆的建筑设计也充分考虑自然采光和通风,利用太阳能、风能等可再生能源,减少对传统能源的依赖。在日常运营中,智慧图书馆通过智能化管理,实现资源的最大化利用和能源的最小化消耗。同时,智慧图书馆还注重推广环保理念,提高读者的环保意识。通过举办相关活动、展览等方式,向读者宣传环保知识,鼓励大家共同参与到环保行动中来。这种绿色环保的理念,不仅为图书馆自身带来了可持续发展的可能,也为读者营造了一个健康、舒适的阅读环境。

(二)节能减排措施

智慧图书馆致力于实现节能减排的目标,采取了一系列有效的措施来降低图书馆的能耗和碳排放。图书馆通过安装智能照明系统,根据室内光线和人员活动情况自动调节灯光亮度。这种智能照明系统不仅可以保证阅读的舒适度,还可以根据实际需求调整灯光亮度,避免了不必要的能源浪费。同时,图书馆还使用高效节能的灯具,进一步降低能源消耗,如高效能的空调、电梯等。这些设备在提供舒适环境的同时,也大大降低了能源消耗。此外,图书馆还建立了完善的能源管理系统,通过实时监测和分析能耗数据,及时发现和解决能源浪费问题。这种能源管理系统的应用,使得图书馆能够更加精准地控制能源消耗,提高能源利用效率。除了硬件设备的升级,智慧图书馆还通过优化运营流程来降低能耗。例如,图书馆合理安排开放时间,避免在人员稀少的时间段过度开放,减少能源消耗。图书馆还鼓励读者利用电子资源,减少纸质资料的打印和复印,进一步降低能耗和碳排放。这些节能减排措施的实施,不仅有助于降低图书馆的运营成本,更有助于减少碳排放,为应对全球气候变化作出积极贡献。智慧图书馆通过实际行动践行绿色环保理念,为推动可持续发展作出了重要贡献。

(三)舒适便捷的阅读环境

舒适便捷的阅读环境是智慧图书馆的重要特点之一。在智慧图书馆中,读者可以享受到舒适便捷的阅读环境。这种环境不仅提供了良好的阅读条件,还激发了读者的阅读兴趣和参与度。首先,智慧图书馆的内部空间布局合理,阅读区域宽敞明亮,为读者提供了舒适的阅读空间。同时,图书馆的座椅舒适度高,让读者在长时间阅读时也能保持舒适的状态。这种舒适的环境为读者提供了良好的阅读条件,使他们能够更加专注于阅读和学习。其次,智慧图书馆提供了多样化的阅读资源和服务,满足了不同读者的阅读需求。除了传统的纸质图书外,图书馆还提供了电子图书、期刊、多媒体资源等多样化的阅读资源。读者可以根据自己的需求和兴趣选择合适的阅读资源,享受更加便捷的阅读体验。最后,智慧图书馆还注重营造温馨的阅读氛围。通过举办读书活动、讲座等方式,吸引更多读者参与到阅读中来。这种氛围的营造不仅提高了读者的阅读兴趣和参与度,也为图书馆吸引了更多的读者和流量。

第二章 大数据分析基础

第一节 大数据的概念与特点

一、大数据的概念

在当今信息化社会的浪潮中,大数据已经渗透到生活的方方面面,无论是商业决策、医疗健康、教育科研,还是政府治理、交通出行等领域,大数据都发挥着举足轻重的作用。那么,究竟什么是大数据?它又有何特点和价值呢?大数据,亦被称为巨量资料,通常指的是那些规模庞大到难以用常规软件工具在短时间内进行捕获、管理、处理和分析的数据集合。这些数据的量级往往超出了传统数据处理技术的处理能力,因此需要借助更为先进的技术和方法来进行处理和分析。在维克托·迈尔—舍恩伯格和肯尼斯·库克耶合著的《大数据时代》一书中,大数据的概念被进一步阐释。书中指出,与传统的随机分析法(如抽样调查)不同,大数据强调对全体数据进行全面分析,而不是仅仅依赖部分样本数据。这种全面性的数据分析方式,使得人们能够更深入地了解事物的本质和规律,从而作出更为准确和科学的决策。

二、大数据的特点

(一)数据体量大

当谈论大数据,首先映入眼帘的便是其庞大的数据量。传统的数据处理单位如 kB、MB、GB 已经无法满足需求,大数据的起始计量单位至少是 P(Petabyte,1000 个 T)、E(Exabyte,100 万个 T)或 Z(Zettabyte,10 亿个 T)。这种庞大的数据量不仅意味着存储的挑战,更在于如何有效地处理、分析和挖掘这些数据,以获取有价值的信息。随着技术的快速发展,尤其是云计算的广泛应用,大数据的存储和处理成为可能。企业、机构和组织都在不断地积累数据,从日常运营到市场研究,从用户行为到社交媒体互动,每一个细节都被捕捉并转化为数字。这种海量的数据为企业提供了前所未有的机会,但同时也带来了处理和分析的复杂性。

(二)数据类型繁多

大数据的第二个显著特点是其数据类型的多样性。传统的数据处理主要集中在结构化数据上,如数据库中的数字和文本。然而,大数据不仅包括这些,还涵盖了大量的非结构化数据,如网络日志、音频、视频、图片、地理位置信息等。这种多样性为数据分析带来了更大的挑战,但也提供了更丰富的视角。例如,通过分析用户的社交媒体活动,可以了解他们的兴趣、情绪和行为模式;通过分析地理位置数据,可以揭示城市的流动性和人口分布。这种多元的数据类型为企业和研究者提供了更多的机会,以更全面地了解世界和用户。

(三)价值密度低

尽管大数据的量大且类型多样,但其中真正有价值的信息往往只是冰山一角。以视频为例,一部 1h 的视频在连续不间断地监控中,真正有用的数据可能只有几秒钟。这意味着在处理和分析大数据时,需要高效的算法和技术来筛选出有价值的信息。这种价值密度的特点要求企业和研究者在处理大数据时,不仅要关注数据的数量,更要注重数据的质量。他们需要不断地优化算法,提高数据处理和挖掘的效率,以从海量的数据中找到真正有价值的部分。

(四)处理速度快

大数据的另一个关键特点是其处理速度。在传统的数据挖掘中,数据往往是静态的,可以在一段时间内慢慢分析和处理。但在大数据时代,数据是动态生成的,需要实时或近实时地处理。面对如此海量的数据,处理数据的效率成了企业的核心竞争力。企业需要能够快速地收集、存储、分析和挖掘数据,以便在激烈的市场竞争中保持领先地位。

第二节 大数据分析技术与方法

一、大数据分析技术

(一)数据采集

在大数据分析的起始阶段,数据采集是整个分析过程的基础。数据来源多种多样,涵盖了从传统的数据库到现代的日志文件,再到外部数据接口等。数据库作为长期存储结构化数据的主要场所,其数据通常通过 SQL 查询或专门的数据库管理工具进行采集。这些结构化数据包括客户信息、交易记录、产品库存等,为企业的日常运营提供了关键支持。

日志文件则记录了系统或应用程序在运行过程中产生的各种信息,如用户行为、系统错误、性能数据等。通过分析这些日志文件,可以获得大量的非结构化数据,这些数据对于理解系统运行状态、发现潜在问题以及优化系统性能具有重要意义。

外部数据接口则为企业提供了与外部数据源连接的桥梁,如API接口、数据交换平台等。通过这些接口,企业可以获取到来自第三方服务商、合作伙伴或其他企业的数据,从而丰富自身的数据资源,为更全面的数据分析提供支持。

在数据采集过程中,为了确保数据的完整性、准确性和实时性,需要设计合理的数据抓取策略。这包括确定数据采集的频率、选择适当的数据抓取工具和技术,以及处理可能出现的网络延迟、数据格式不一致等问题。同时,还需要考虑数据的多样性和复杂性,使用不同的数据采集工具和技术,如ETL工具、爬虫程序等,以适应不同的数据源和数据格式。

(二)数据预处理

数据预处理是大数据分析过程中不可或缺的一环。由于采集到的数据往往存在质量问题,如数据缺失、重复、异常等,这些问题会对后续的数据分析产生负面影响。因此,数据预处理的目标就是对这些原始数据进行清洗、去重、去噪等操作,以提高数据的质量和准确性,为后续的数据分析提供可靠的基础。

在数据清洗过程中,需要识别并纠正数据中的错误和不一致。这包括格式转换(如将日期格式从字符串转换为日期类型)、空值填充(如用均值或中位数替换缺失值)、异常值处理(如删除或替换明显超出正常范围的数值)等。通过数据清洗,可以消除数据中的错误和不一致,为后续的数据分析提供更为准确的数据集。

去重是为了消除重复数据,避免在后续分析中产生误导。在大数据环境下,由于数据来源多样且可能存在重复记录的情况,去重操作显得尤为重要。通过去重,可以确保每个数据项只被计算一次,从而避免分析结果出现偏差。

去噪则是为了去除数据中的噪声和冗余信息,提取出真正有用的数据。在大数据分析中,噪声数据可能会对分析结果产生干扰,导致结论偏离真实情况。因此,去噪操作有助于提高数据的质量和可靠性,为后续的数据分析提供更为准确的数据集。

(三)数据存储

随着数据量的不断增长,传统的关系型数据库已经无法满足大数据存储的需求。因此,分布式文件系统和NoSQL数据库等新技术应运而生,为大数据存储提供了更为高效和可靠的解决方案。

分布式文件系统如Hadoop HDFS、Ceph等通过将数据分散存储在多个节点上,实现了海量数据的存储和管理。这种分布式存储方式不仅提高了数据的存储容量,还通过并行处理和容错机制提高了数据的访问性能和可靠性。

NoSQL数据库则以其灵活的数据模型和高效的查询性能适应了大数据环境下对数据的快速读写和实时分析的需求。与传统的关系型数据库相比,NoSQL数据库无需事先定义数据结构和关系,可以更加灵活地存储和查询数据。同时,NoSQL数据库还通过支持分布式存储和并行处理等技术提高了查询性能和数据吞吐量。

在数据存储阶段,除了选择合适的存储技术外,还需要考虑数据的存储结构、备份和恢复策略、数据安全性等问题。合理的存储结构可以提高数据的查询性能和管理效率;备份和恢复策略则确保在数据丢失或损坏时能够及时恢复;数据安全性则通过加密、访问控制等手段保护数据不被非法访问和泄露。

(四)数据分析

数据分析是大数据技术的核心环节,通过运用数据挖掘、机器学习、统计分析等方法,可以对数据进行深入地分析和挖掘,从而发现数据中的价值。

数据挖掘是从大量数据中提取出隐含的、未知的信息和知识的过程。它利用各种算法和技术对数据进行处理和分析,以发现数据中的规律和趋势。例如,通过关联规则挖掘可以发现商品之间的购买关联;通过聚类分析可以发现用户群体的共同特征等。数据挖掘有助于企业更好地理解市场和客户需求,为决策提供支持。

机器学习则通过训练模型来自动学习和优化算法,实现对数据的预测和分类。它利用大量的历史数据训练出模型,并根据新输入的数据进行预测或分类。例如,在推荐系统中,机器学习可以根据用户的历史行为数据预测其未来的兴趣偏好;在信用评估中,机器学习可以根据用户的信用记录和其他信息评估其信用等级。机器学习为企业提供了更加智能和高效的数据分析工具。

统计分析则通过数学方法对数据进行描述、推断和预测,为决策提供科学依据。它利用统计学原理和方法对数据进行分析和建模,以揭示数据背后的规律和趋势。例如,通过描述性统计可以了解数据的分布情况和基本特征;通过回归分析可以探究自变量和因变量之间的关系等。统计分析为企业提供了科学的数据分析方法。

二、大数据分析方法

(一)描述性分析

描述性分析是数据分析中最为基础和直观的一种分析方法。它通过对数据的统计特征进行探索,帮助人们初步了解数据集的整体表现、分布情况以及数据的集中与离散趋势。这种分析方式在各类研究中都有广泛应用,从商业决策到科学研究,都离不开描述性分析的身影。

在描述性分析中,均值是一个非常重要的统计量。均值是所有数值的总和除以数值的数量,它反映了数据的平均水平。然而,均值的一个显著缺点是可能会受到极端值的影响。这意味着,如果数据集中存在一些极端的数值,那么均值可能会偏离大多数数据的中心位置。因此,在处理偏态分布的数据时,需要谨慎使用均值作为数据中心的代表。

除了均值,中位数和众数也是描述性分析中常用的统计量。中位数是将数据按大小排序后,位于中间位置的数值。由于中位数不受极端值的影响,因此它更能代表大多数数据的情况。众数则是数据集中出现次数最多的数值,这在离散型数据中尤为重要,因为它表示了数据中最常见的值。

除了这些基本的统计量,描述性分析还可以进一步探索数据的分布形状、偏态和峰态等更高阶的统计特性。通过绘制直方图、箱线图、散点图等可视化工具,可以更加直观地展现数据的分布情况和变量之间的关系。例如,直方图可以展示数据的分布情况,帮助识别是否存在偏态或峰态;箱线图则可以展示数据的四分位数、中位数以及异常值等信息;散点图则可以展示两个变量之间的关系,帮助初步判断是否存在线性关系或其他复杂关系。然而,描述性分析只能提供数据的表面信息,无法深入揭示数据背后的逻辑和机制。因此,在进行更深入的数据分析时,还需要结合其他分析方法,如预测性分析、规范性分析和因果性分析等。

(二)预测性分析

预测性分析是一种基于历史数据对未来趋势进行预测的数据分析方法。它利用机器学习、时间序列分析等技术,通过挖掘数据中的潜在规律,为未来可能发生的情况提供洞察。在商业决策、市场预测、风险管理等领域,预测性分析都发挥着重要作用。

机器学习是预测性分析中常用的一种方法。通过训练模型,让机器从大量数据中学习规律,并利用这些规律进行预测。常见的机器学习算法包括线性回归、决策树、随机森林、神经网络等。这些算法可以根据不同的数据类型和问题特点进行选择和调整,以实现最佳的预测效果。

时间序列分析是另一种常用的预测性分析方法。它关注数据随时间的变化趋势,通过建立数学模型来描述这种趋势,并据此进行预测。这种方法在金融、气象、交通等领域有广泛应用。例如,在金融领域,时间序列分析可以帮助预测股票价格或汇率的走势;在气象领域,它可以帮助预测天气变化;在交通领域,它可以帮助预测交通流量等。

预测性分析不仅可以帮助了解数据的未来走势,还可以为决策提供科学依据,提高决策的准确性和效率。通过预测性分析,企业可以更加精准地把握市场需求和趋势,从而制定更加合理的生产和销售计划;政府部门可以更加有效地进行资源分配和风险管理;个人也可以更好地规划自己的未来发展和生活安排。然而,需要注意的是,预测性分析虽然强大,但也存在一定的局限性和挑战。一方面,预测结果的准确性受到多种因素的影响,包括数据质量、模型选择、参数设置等。如果数据存在噪声或缺失,或者模型选择不当、参数设置不合理,都可能导致预测结果出现偏差。另一方面,预测性分析往往只能提供趋势性的预测,而无法准确预测具体事件或突发事件的发生。因此,在进行预测性分析时,需要保持谨慎和客观的态度,同时结合其他分析方法进行综合考虑。

(三)规范性分析

规范性分析是一种基于优化理论的数据分析方法,它通过设定目标函数和约束条件,求解最优决策方案。这种方法在资源分配、生产计划、路线规划等领域具有广泛的应用价值。

在规范性分析中,目标函数是关键的一环。它描述了决策者的优化目标,如最大化利润、最小化成本等。目标函数的设定需要根据具体问题和决策者的需求来确定。例如,在资源分配问题中,目标函数可能是最大化资源的利用效率或最小化资源的浪费;在生产计划问题中,目标函数可能是最大化生产量或最小化生产成本。除了目标函数外,约束条件也是规范性分析中的重要组成部分。它反映了决策过程中需要遵循的限制和规则,如资源限制、时间限制等。约束条件的设定保证了决策的可行性和合理性。例如,在资源分配问题中,约束条件可能包括资源的总量限制、各种资源的可用性限制等;在生产计划问题中,约束条件可能包括生产设备的容量限制、生产时间的限制等。通过求解目标函数在约束条件下的最优解,可以得到最优决策方案。这个方案可以在满足各种限制和规则的前提下,实现决策者的优化目标。规范性分析不仅可以帮助作出科学决策,还可以提高资源的利用效率和降低决策风险。

在实际应用中,规范性分析通常需要借助数学工具和方法进行求解。例如,线性规划、整数规划、动态规划等都是常用的规范性分析方法。这些方法可以通过数学模型的建立和解决,帮助找到最优决策方案。同时,随着计算机技术的不断发展,各种优化算法和软件工具也得到了广泛应用,使得规范性分析更加高效和便捷。当然,规范性分析也存在一定的局限性和挑战。一是目标函数和约束条件的设定可能受到主观因素的影响,导致决策结果的不准确或不合理。二是规范性分析通常假设决策过程是静态和确定的,而实际情况中可能存在不确定性和动态变化。因此,在实际应用中,需要结合具体问题和实际情况,灵活运用规范性分析方法,并与其他决策工具和方法相结合,以提高决策的科学性和有效性。

(四)因果性分析

因果性分析是一种深入探究变量之间关系的方法,它旨在揭示一个变量如何影响另一个变量,即它们之间的因果关系。这种分析方法在多个领域都有广泛的应用,如社会科学、医学、经济学等。

在进行因果性分析时,通常需要先进行相关性分析。相关性分析是一种衡量变量之间关联程度的方法,它可以帮助初步了解变量之间的关系。但是,相关性并不等于因果关系。相关性分析只能告诉变量之间是否存在关联,但不能确定一个变量是否是另一个变量变化的原因。因此,在进行因果性分析时,需要在相关性分析的基础上,进一步探究变量之间的因果关系。因果推断是因果性分析的核心。因果推断试图确定一个变量是否是另一个变量变化的原因。为了进行因果推断,需要使用统计方法、实验设计或因果模型等。其中,统计方法可以通过分析数据来推断变量之间的因果关系;实验设计可以通过控制变量来探究因果关系;因果模型则可以通过建立数学模型来描述变量之间的因果关系。这些方法各有优缺点,需要根据具体情况选择合适的方法进行因果推断。

因果性分析是一种重要的数据分析方法,它有助于深入理解数据背后的逻辑和机制,为决策提供更加科学的依据。同时,因果性分析也有助于预测和应对未来可能出现的变化和挑战。在未来的研究中,可以进一步探索因果性分析的应用领域和方法,以更好地服务于各个领域的发展。

第三节　大数据分析在图书馆中的应用价值

一、图书资源优化

图书资源优化是一个复杂而关键的过程,它涉及图书采购、分类、借阅、归还等多个环节。在这个过程中,如何更好地满足读者的需求,提高图书的利用率,是图书馆一直追求的目标。近年来,随着大数据技术的发展和应用,图书资源优化取得了显著的进展,特别是在图书采购和图书推荐两个方面。

(一)图书采购

案例:某大学图书馆的图书采购优化

该大学图书馆长期面临图书采购效率低下和图书利用率不高的问题。为了改善这一状况,图书馆决定引入大数据分析技术来优化图书采购流程。

1. 借阅数据分析

图书馆首先分析了过去几年的借阅数据,包括各类图书的借阅量、借阅频率、借阅时长等指标。通过数据分析,图书馆发现文学类、计算机科学类和经济学类的图书借阅量较高,而艺术类图书的借阅量相对较低。同时,通过分析读者的年龄、性别和职业背景,图书馆发现学生群体对教材和参考书的需求较大,而教职工则更倾向于借阅学术研究和专业发展的书籍。

2. 需求预测

基于借阅数据分析的结果,图书馆运用统计学和机器学习算法建立了预测模型。模型预测在未来一年内,计算机科学类和经济学类的图书借阅量将继续增长,而文学类图书的借阅量将保持稳定。此外,模型还预测艺术类图书的借阅量将有所上升,尤其是与数字媒体和视觉艺术相关的书籍。

3. 采购决策

根据需求预测的结果,图书馆制定了新的采购计划。图书馆决定增加计算机科学类和经济学类图书的采购比例,并适当减少文学类图书的采购量。同时,为了满足潜在的艺术类图书需求,图书馆决定采购一批与数字媒体和视觉艺术相关的书籍。

(二)图书推荐

案例:某市公共图书馆的个性化图书推荐服务

该公共图书馆为了提升读者的阅读体验和满意度,决定引入大数据分析技术来优化图书推荐服务。

1. 用户画像构建

图书馆首先收集了读者的多维度数据,包括基本信息(如年龄、性别、职业等)、借阅记录、浏览记录等。通过数据分析和挖掘,图书馆为每位读者构建了个性化的用户画像,准确描绘了读者的阅读兴趣和需求特点。

2. 推荐算法应用

基于用户画像和图书资源数据,图书馆运用了协同过滤和基于内容的推荐等算法,为读者推荐合适的图书。例如,当一位读者借阅了某本关于历史的小说后,图书馆会推荐其他具有相似历史背景或风格的小说。同时,图书馆还会根据读者的个性化标签,如"科幻爱好者"或"心理学研究者",推荐与这些标签相匹配的图书。

3. 推荐系统构建

图书馆在官方网站和移动应用上集成了个性化的图书推荐系统。读者可以方便地查看和选择系统推荐的图书,并根据自己的兴趣进行筛选和排序。同时,图书馆还设置了反馈和评价机制,鼓励读者对推荐结果进行反馈,以便持续优化和调整推荐系统。

通过实施基于大数据分析的图书推荐服务,该公共图书馆显著提升了读者的阅读体验和满意度。读者表示,他们现在能够更容易地找到符合自己兴趣的图书,阅读时间和借阅量也有所增加。

二、辅助学术研究

(一)学术研究趋势分析

学术研究趋势分析是当代科研工作中不可或缺的一环。它通过对某一领域内的学术文献进行深度挖掘和综合分析,从而揭示出该领域的研究热点、前沿动态和发展趋势。这一分析方法不仅能够帮助研究者快速把握研究领域的整体状况,还能够为他们的研究选题和方向提供重要的参考依据。在进行学术研究趋势分析时,首先要对目标领域的学术文献进行全面的收集。这些文献可能来自不同的学术期刊、会议论文、专著等,因此需要利用各种检索工具和数据库进行广泛地搜集。在收集到足够的文献后,接下来就是对这些文献进行深入地分析。分析的内容可能包括文献的发表年份、作者、研究机构、关键词、引用情况等多个方面。通过对这些信息的统计分析,可以了解到该领域的研究热点和发展趋势。例如,通过分析某一领域内的关键词出现频率和变化趋势,可以发现该领域的研究热点和前沿动态。同时,通过分析文献的引用情况,还可以了解到该领域内的重要文献和经典理论,从而为研究提供重要的参考。此外,学术研究趋势分析还可以帮助预测未来的研究方向和发展趋势,这对于制定研究计划和策略具有重要的指导意义。

学术研究趋势分析是辅助学术研究的重要手段之一。它能够帮助快速把握研究领域的整体状况,为研究选题和方向提供重要的参考依据,同时还能够预测未来的研究方向和发展趋势。因此,应该重视学术研究趋势分析在科研工作中的重要作用。

(二)科研合作分析

在科研工作中,合作是推动科学进步和创新的重要手段。科研人员通过合作可以共享资源、知识和经验,从而提高研究效率和质量。然而,如何找到合适的合作伙伴和合作机会却是一个挑战。这时,科研合作分析就显得尤为重要。科研合作分析通过对科研人员的合作网络进行深入挖掘和分析,可以发现潜在的合作伙伴和合作机会。这种分析方法可以帮助了解科研人员的合作历史、研究领域、合作机构等信息,从而为选择合适的合作伙伴提供重要的参考。在进行科研合作分析时,可以利用各种工具和数据库来收集和分析数据。例如,可以利用社会网络分析工具来绘制科研人员的合作网络图,从而直观地展示他们之间的合作关系和强度。同时,还可以利用文本挖掘技术来提取和分析科研人员的研究领域和关键词,从而深入了解他们的研究兴趣和专长。通过科研合作分析,可以发现那些与研究领域相近、合作经验丰富且研究实力雄厚的潜在合作伙伴。这不仅可以提高研究效率和质量,还可以促进科研合作和交流,推动科学进步和创新。科研合作分析还可以帮助了解不同机构和地区之间的科研合作情况。通过对比不同机构或地区的合作网络和合作强度,可以发现哪些机构或地区在某一领域具有较强的研究实力和影响力,从而为选择合适的合作机构或地区提供参考。

第三章　智慧图书馆的技术架构

第一节　智慧图书馆的基础设施

一、硬件设施

在图书馆的运营与服务中,硬件设施是支撑整个图书馆功能发挥的重要基础。这些设施不仅包括图书馆建筑本身,还涵盖了书架、桌椅、电脑以及多媒体设备等基础设施。

(一)图书馆建筑

图书馆建筑,不仅是城市文化的实体象征,更是知识传承、信息交流与思想碰撞的重要场所。它超越了单纯建筑的概念,成为城市灵魂与文化繁荣的标志性载体。在某市新图书馆的规划与设计中,每一个细微之处都经过深思熟虑,旨在为读者创造一个舒适、便捷且充满文化气息的阅读环境。

1.选址策略

新图书馆的选址位于市中心的文化广场旁,这里交通便利,有多条公交线路和地铁站,方便读者前来借阅和参观。周边环绕着博物馆、艺术中心和多个教育机构,形成了浓厚的文化氛围。在选址过程中,还充分考虑了城市规划的未来发展方向,确保图书馆在未来几十年内仍能满足市民的需求。

2.规划布局

新图书馆规划藏书量达到 100 万册,读者容量设计为每天 5000 人次,并预留了足够的空间用于未来扩展。在规划阶段,设计师充分考虑了现代图书馆的发展趋势,如数字化、智能化等,规划了电子阅览室、多媒体学习区等现代化设施。同时,图书馆还采用了地源热泵、太阳能光伏板等节能环保技术,确保建筑的可持续性与环保性。

3. 建筑设计

新图书馆的外观设计灵感来源于古代的书简,采用流线型的造型和温暖的木质色调,既体现了图书馆的文化内涵,又与周边的现代建筑风格和谐共存。内部空间布局上,图书馆设置了开放式阅读区、安静自习区、多媒体区、儿童阅读区以及特色主题区等多个功能区域。其中,开放式阅读区采用了灵活的座椅和书架布局,方便读者自由组合和交流;安静自习区则提供了隔音的学习空间和充足的自然光照明。

4. 细节处理

在照明设计上,新图书馆采用了智能调光系统,根据室内光线强度自动调节灯光亮度,既保证了阅读区域的充足照明,又避免了能源浪费。色彩搭配上,图书馆内部以淡雅的米白色和温暖的木色为主色调,营造出宁静而专注的阅读氛围。装饰材料方面,图书馆选用了环保的建材和家具,确保了室内空气质量的健康与舒适。

(二)书架

书架,这个看似简单的图书馆元素,实际上承载着无比重要的角色。作为图书馆藏书的重要设施之一,书架的配置不仅关乎图书的存储和管理,更直接影响到读者的查阅体验和效率。因此,对于书架的选材、设计和布局,都应给予足够的重视。

书架的选材是确保其长期稳定运行的关键。在选择材料时,首先要考虑的是耐用性。毕竟,图书馆是一个长期运营的地方,书架需要经受住时间的考验,不能因为长时间的使用而出现损坏或变形。在这方面,实木和金属是两种常见的选择。实木书架拥有天然的纹理和美感,同时具有较好的韧性和稳定性;而金属书架则以其坚固耐用的特性,成为许多大型图书馆的首选。除了耐用性,承重能力也是选材时需要考虑的重要因素。图书馆中的图书数量庞大,且每本书都有一定的重量。如果书架的承重能力不足,很容易发生倒塌或变形,给图书馆带来严重的损失。因此,在选材时,要选择那些具有较好承重能力的材料,确保书架能够稳稳地支撑起每一本书。此外,环保性也是现代图书馆在选材时需要考虑的重要因素。随着人们对环境保护意识的日益增强,越来越多的图书馆开始选择那些环保、低碳的材料。这些材料不仅有助于减少对环境的污染,还能为图书馆营造一个健康、舒适的阅读环境。

书架的设计也是影响其使用效果的关键因素。一个好的书架设计应该符合人体工程学的原理,方便读者取阅书籍。例如,书架的高度应该根据大多数人的身高进行合理设置,避免读者在取书时需要过度弯腰或踮脚。同时,书架的层间距也要考虑到不同尺寸图书的存放需求,确保每本书都能够得到妥善地安置。书架的设计还可以结合图书馆的整体风格和功能需求进行个性化定制。例如,在一些注重文化氛围的图书馆中,可以设计一些具有艺术美感的书架,使其成为图书馆的一道亮丽风景线。而在一些专业性强的图书馆中,则可以根据图书的分类和读者的使用习惯,设计一些具有针对性的书架布局,提高读者的查阅效率。

书架的布局是图书馆管理中一个非常重要的环节。一个合理的布局不仅能够提高图书的存储效率,还能够方便读者快速找到所需的图书。在布局时,可以根据图书的分类和读者的使用习惯进行合理规划。例如,将热门图书放置在显眼且易于取阅的位置,将专业图书放置在相应的专业区域内,以便读者能够快速找到所需的图书。同时,还可以根据图书馆的空间大小和形状,设计一些具有创意和实用性的书架布局方案,使图书馆的空间得到充分利用。只有不断优化和完善书架的配置和管理,才能够为读者提供更好的阅读体验和服务。

(三)桌椅

桌椅,看似简单的学习工具,实则是图书馆为读者营造良好学习环境的重要组成部分。一个设计合理、布局得当的桌椅配置,不仅能够满足读者的基本学习需求,还能在一定程度上提升图书馆的整体氛围和读者的学习效率。

图书馆作为知识的海洋,每天都有大量的读者前来寻求知识的滋养。这些读者可能是在校学生,也可能是社会人士,他们的学习需求各不相同。因此,在配置桌椅时,首先要考虑的是读者的使用需求。比如,有的学生可能需要一个宽敞的空间来放置大量的学习资料,而有的读者则可能更偏好于一个安静、独立的角落来专心阅读。为了满足这些多样化的需求,图书馆在桌椅的配置上应进行充分地调研,结合读者的实际使用情况,合理规划桌椅的数量和布局。除了满足读者的基本需求外,桌椅的布局还应与图书馆的整体空间环境相协调。图书馆的空间布局通常包括开放阅读区、独立研究区、多功能区等不同的功能区域。在这些不同的区域内,桌椅的配置也应有所不同。例如,在开放阅读区,桌椅的配置应更加灵活,方便读者自由选择和调整;而在独立研究区,则可能需要设置一些较为私密的空间,以供读者进行深入地学习和研究。桌椅的设计也是影响读者使用体验的重要因素。一个好的桌椅设计,应该符合人体工程学原理,能够确保读者在使用过程中保持舒适的姿势。例如,椅子的高度和靠背的角度应该根据人体的自然曲线进行设计,以减轻长时间坐姿对身体的负担;桌面的高度和倾斜度也应根据人体的平均身高和视线高度进行调整,以减少颈部和肩部的疲劳。此外,桌椅的材质和表面处理也是影响舒适度的重要因素。柔软、透气的坐垫和靠背,以及光滑、易清洁的桌面,都能在一定程度上提升读者的使用体验。在桌椅的配置过程中,材质的选择也是一个不容忽视的问题。优质的材质不仅能保证桌椅的耐用性和使用寿命,还能在一定程度上减少对环境的污染。例如,选择环保木材或可回收金属作为桌椅的主要材料,不仅可以降低对自然资源的消耗,还能在桌椅报废后进行回收利用,减少垃圾的产生。此外,在桌椅的表面处理上,也应尽量选择无毒、无害的环保涂料和黏合剂,以确保读者的健康和安全。

桌椅作为图书馆的基本学习设施,其配置和设计都应以读者的需求和使用体验为中心。通过合理的数量配置、空间布局、人体工程学设计以及环保材质的选择,图书馆可以为读者创造一个既舒适又环保的学习环境。未来,随着科技的进步和环保理念的深入人心,图书馆在桌椅的配置上也将更加注重智能化、个性化和环保化的发展趋势。例如,通过引入智能感应系统,图书馆可以根据读者的使用习惯和偏好自动调整桌椅的高度和角度;通过采用更加环保的材料和工艺,图书馆可以进一步降低对环境的影响,实现可持续发展的目标。

(四)电脑

在信息化、数字化的时代背景下,图书馆已经不再是单纯的书籍收藏与借阅的场所,而是成了知识与信息的集散地,是人们学习、研究和休闲的重要场所。作为这样一个综合性的信息服务平台,电脑在其中扮演了至关重要的角色。

公共查询电脑是图书馆为读者提供的基本服务之一。读者可以通过这些电脑查询图书信息、借阅情况、活动通知等。这些电脑的配置通常较为简单,但要求系统稳定、操作流畅,以满足大量读者的基本查询需求。随着技术的发展,许多图书馆都引入了自助借还系统,读者可以通过电脑自助完成图书的借阅和归还。这类电脑除了要求系统稳定外,还需要具备高效的扫码、识别功能,以确保借阅和归还流程的顺畅。电子阅览室是图书馆为读者提供的数字化阅读空间。在这里,读者可以访问各种电子资源,如电子图书、期刊、数据库等。为了满足读者对高速、稳定网络的需求,电子阅览室的电脑通常需要配置较高的硬件和网络设备。

为了满足上述不同应用场景的需求,图书馆在配置电脑时应考虑以下几点:考虑到图书馆的使用场景,电脑硬件应选择性能稳定、运行流畅的型号;处理器应选择性能较好的型号,以确保多任务处理时的流畅性;内存应足够大,以满足同时运行多个软件和服务的需求;硬盘应选择容量适中、读写速度快的类型,以确保系统的快速响应和数据的安全存储。操作系统是电脑的核心软件,应选择稳定、易用、兼容性好的版本。同时,为了满足不同读者的需求,图书馆可以提供多种操作系统的选择,如 Windows、macOS 等。图书馆电脑面临着来自网络的各种安全威胁,因此应配置完善的安全防护软件,如杀毒软件、防火墙等,以确保电脑和数据的安全。对于电子阅览室等需要长时间面对电脑的场所,应选择分辨率高、色彩表现好的显示器,以减少对读者眼睛的伤害。

除了合理的配置外,图书馆还应加强对电脑设备的维护和保养,以确保其正常运行和使用寿命。具体建议如下:定期对电脑进行清洁、除尘,检查硬件设备的连接情况,确保电脑的正常运行。及时更新操作系统、应用软件的安全补丁和版本更新,以修复可能存在的安全漏洞和性能问题。建立完善的故障处理机制,对出现故障的电脑进行及时维修或更换,确保读者的正常使用。加强对读者的培训和教育,让他们了解如何正确使用电脑、避免误操作导致的设备损坏等问题。

电脑在现代图书馆中发挥着举足轻重的作用。为了确保读者能够享受到高效、便捷的服务体验,图书馆在配置电脑时应充分考虑读者的使用需求和服务功能,选择性能稳定、运行流畅的电脑设备,并加强对设备的维护和保养。只有这样,图书馆才能在信息化、数字化的时代浪潮中立于不败之地,为广大读者提供更好的服务。

(五)多媒体设备

随着信息技术的飞速发展,图书馆逐渐演变成为读者提供多样化服务和信息资源的中心。在这个转变过程中,多媒体设备发挥着不可或缺的作用。这些设备不仅丰富了图书馆的活动形式,还提高了服务效率,为读者带来了更为丰富地阅读和学习体验。

了解多媒体设备的种类与用途。投影仪是图书馆举办讲座、放映影片或展示文档时的核心设备,它能够将图像或视频放大到足够大的尺寸,使所有观众都能清晰地看到内容。在选择投影仪时,图书馆需要考虑其分辨率、亮度和对比度,以确保在各种光线条件下都能呈现清晰、生动的画面。音响系统为图书馆的活动提供了高质量的音频体验,无论是举办音乐会、诗歌朗诵还是其他形式的表演,音响系统都能够确保声音清晰、悦耳。同时,图书馆在选择音响系统时,还需要考虑其覆盖范围、音量调节和音质等因素,以满足不同活动的需求。触摸屏技术的引入使得图书馆的服务更加现代化和便捷。读者可以通过触摸屏查询图书信息、检索电子资源,甚至进行在线预约和借阅。触摸屏的操作应简单直观,确保读者能够轻松上手。

在配置多媒体设备时,图书馆需要充分考虑其实际需求和预算。确定图书馆的主要服务对象和活动类型，以便选择最适合的设备。例如，如果图书馆经常举办大型讲座或展览，那么就需要选择高分辨率、高亮度的投影仪和高质量的音响系统。图书馆还需要考虑设备的兼容性和可扩展性，以便未来能够轻松地升级和扩展设备。为了确保多媒体设备的正常运行和使用效果，图书馆必须加强对这些设备的维护和管理。图书馆需要制定详细的设备使用和维护规范，确保读者能够正确使用设备并避免不必要的损坏。图书馆还需要定期对设备进行维护和保养，如清洁、检查、更新软件等，以确保设备的性能和稳定性。此外，图书馆还可以考虑建立专业的技术支持团队或外包服务，以应对设备故障或技术问题。

另外，许多图书馆也开始利用多媒体设备举办线上讲座和活动。通过投影仪和音响系统，图书馆能够将讲座内容清晰地呈现给观众；而触摸屏则使得观众能够轻松地与讲座内容进行互动。这种形式的讲座不仅吸引了更多的参与者，还提高了图书馆的知名度和影响力。图书馆可以利用多媒体设备举办各种展览和展示活动，如艺术作品展、历史文物展等。通过投影仪和音响系统，图书馆能够为观众提供更为生动、立体的展览体验；而触摸屏则可以让观众自行查询展品信息，增强了观众的参与感和互动性。图书馆还可以利用多媒体设备为读者提供培训和辅导服务。例如，图书馆可以利用投影仪和音响系统为读者讲解如何使用电子资源、如何进行在线检索等；而触摸屏则可以为读者提供互动式的练习和测试机会，帮助读者更好地掌握相关技能。

多媒体设备在图书馆中的应用已经越来越广泛。在未来，随着技术的不断进步和应用需求的不断变化，图书馆需要不断更新和完善其多媒体设备配置和管理体系，以适应新的发展趋势和读者需求。同时，图书馆还需要加强对读者的培训和教育工作，提高他们对多媒体设备的使用能力和意识，共同推动图书馆事业的持续发展。

二、网络设施

（一）有线网络基础设施

为了满足日益增长的数字化需求，确保读者、员工和管理者能够高效、稳定地访问和利用资源，图书馆必须构建一个坚实、可扩展的有线网络基础设施。

图书馆的网络硬件是支撑整个信息系统的基石。在硬件的选择上，必须坚持性能稳定、可扩展的原则。高性能的交换机是网络的核心，它们负责将数据包快速、准确地传输到目的地。路由器则扮演着网关的角色，确保图书馆内部网络与外部网络的顺畅通信。服务器则负责存储和管理大量的数据资源，为图书馆提供稳定、高效地服务。在选择这些设备时，不仅要考虑其当前的性能，更要考虑其未来的发展潜力和扩展能力。

合理的布线设计是确保网络连接稳定性和灵活性的关键。图书馆的建筑结构和空间布局对布线设计有着严格的要求。需要根据图书馆的实际情况，合理规划布线路径和方式，确保每一个角落都能获得稳定的网络连接。同时，布线设计还要考虑到未来的扩展需求，预留足够的端口和线路，以应对未来可能出现的设备增加或位置调整。

网络拓扑结构决定了数据传输的路径和效率。在图书馆的网络拓扑设计中，需要根据图书馆的实际情况和需求，选择最合适的结构。星型结构简单直观，易于管理，适合规模较小的图书馆；树型结构则能够支持更大的网络规模，具有良好的扩展性；网状结构则能够提供更好的容错性和负载均衡能力。无论选择哪种结构,都应该致力于优化数据传输路径,减少故障点,确保网络的稳定性和可靠性。

除了上述三个方面,图书馆有线网络基础设施的建设还需要考虑网络安全、数据备份和恢复、设备维护等多个方面。网络安全是保护图书馆信息资源不受侵害的重要措施,需要配置合适的防火墙、入侵检测系统等安全设备,确保网络的安全稳定运行。数据备份和恢复则是防止数据丢失、保障业务连续性的重要手段,需要建立完善的备份机制,确保数据的完整性和可用性。设备维护则是保障网络硬件正常运行的必要措施,需要定期对设备进行检查、维护和更新,确保设备的良好状态。

(二)无线网络覆盖

在图书馆环境中,无线网络覆盖是至关重要的。它不仅关乎到读者和工作人员的日常使用体验,也是现代图书馆提供高效、便捷服务的基础。为了实现全面的无线网络覆盖,图书馆在规划与设计时,必须充分考虑场地大小、用户密度以及技术发展趋势。

首先,无线接入点(AP)的部署是一项精细化的工程。图书馆需要根据自身的建筑结构和空间布局,结合读者和工作人员的活动规律,科学合理地布置无线接入点。这样的布局既要确保无线信号的覆盖范围能够覆盖到图书馆的每一个角落,包括阅览室、借阅区、休息区等,又要保证信号的质量,避免因为信号弱或者信号干扰导致的连接不稳定、速度下降等问题。同时,随着读者数量的增加和图书馆功能的拓展,图书馆还需要定期对接入点进行优化和扩容,以满足不断增长的用户需求。

其次,无线网络的安全性是图书馆必须高度重视的问题。图书馆作为一个公共场所,其无线网络很可能成为黑客攻击的目标。因此,图书馆需要采用最新的无线加密技术,如 WPA3 等,来保护无线网络的安全。这种加密技术能够有效地防止未经授权的访问和数据泄露,保护读者的隐私和图书馆的数据安全。此外,图书馆还需要定期更新安全策略,对无线网络进行安全审计和漏洞扫描,及时发现和应对潜在的安全风险。

最后,无线控制器的引入为图书馆无线网络的管理带来了极大的便利。通过无线控制器,图书馆可以对无线接入点进行集中管理,实现无线网络的智能化、自动化管理。这包括对接入点的状态监控、故障排查、配置更新等,大大提高了无线网络的管理效率和稳定性。同时,无线控制器还支持用户行为分析、流量统计等功能,帮助图书馆更好地了解用户的使用习惯和需求,为改进服务提供数据支持。

图书馆在无线网络覆盖方面需要综合考虑场地大小、用户密度和技术发展趋势,合理部署无线接入点,采用最新的无线加密技术保障网络安全,并利用无线控制器实现无线网络的智能化、自动化管理。只有这样,才能为读者和工作人员提供一个稳定、安全、高效的无线网络环境,满足现代图书馆的发展需求。同时,随着技术的不断进步和应用需求的不断变化,图书馆还需要持续关注和更新无线网络的建设和管理,以适应未来发展的需要。

(三)数据传输效率

在图书馆的信息化建设中,数据传输效率的提升显得至关重要。数据传输不仅关乎图书馆内部的信息流通速度,更直接关系到读者获取资料、管理员进行资源管理以及整个图书馆系统运行的效率。站在图书馆的角度,将从服务质量(QoS)策略、负载均衡以及网络监控和管理三个方面,深入探讨如何提升数据传输效率。

首先,QoS策略是确保图书馆网络高效运行的关键。图书馆每天需要处理大量的数据传输请求,包括读者查询、图书借阅、电子资源下载等。这些请求对数据传输速度和稳定性的要求各不相同。通过实施QoS策略,图书馆可以对不同类型的网络流量进行精细化的管理和控制。对于关键业务,如读者借阅请求的处理、电子资源的检索等,图书馆可以设定高优先级,确保这些请求能够在第一时间得到响应。同时,对于非关键业务,如图书盘点、数据统计等,则可以设置较低的优先级,以便在带宽有限的情况下,优先保障关键业务的顺畅运行。

其次,负载均衡技术的运用对于提升图书馆数据传输效率同样具有重要意义。在网络流量高峰期,如果所有的数据传输都集中在一条路径上,很容易造成网络拥堵,影响数据传输速度。通过负载均衡技术,图书馆可以将网络流量分散到多个路径上,实现流量的均衡分配。这样不仅可以有效避免网络拥堵,还能提高数据传输的效率和稳定性。同时,负载均衡还能提高图书馆网络的容错能力,即使某条路径出现故障,其他路径也能迅速接管流量,确保数据传输不受影响。

最后,网络监控和管理系统是提升数据传输效率的有力保障。一个完善的网络监控和管理系统能够实时监控网络流量、设备状态等关键指标,帮助图书馆管理人员及时发现和解决问题。例如,当网络流量出现异常波动时,系统可以发出预警,提醒管理人员采取措施进行调整。此外,通过收集和分析网络运行数据,图书馆还可以优化网络结构、调整设备配置,进一步提升数据传输效率。

(四)网络安全

随着信息技术的快速发展,图书馆的网络安全问题日益凸显。确保图书馆网络的安全、稳定、高效运行,对于维护图书馆的正常秩序、保障读者的合法权益具有十分重要的意义。

图书馆网络作为一个开放的系统,时刻面临着来自外部网络的各种威胁。为了有效应对这些威胁,图书馆需要部署高性能的防火墙和入侵检测系统(IDS/IPS)。防火墙作为网络安全的第一道防线,能够根据预先设定的安全策略,对网络流量进行过滤和筛选,阻止非法访问和恶意攻击。同时,IDS/IPS系统能够实时监控网络流量,检测并分析异常行为,及时发现并应对潜在的威胁,从而确保图书馆网络的安全稳定。

在图书馆网络中,数据传输的安全性至关重要。为了防止数据在传输过程中被窃取或篡改,图书馆需要采用SSL/TLS等加密技术,对传输的数据进行加密处理。通过加密技术,可以确保数据在传输过程中的机密性和完整性,有效防止未经授权的访问和恶意攻击。此外,图书馆还应定期对加密密钥进行更新和管理,确保加密技术的有效性和可靠性。

图书馆网络的访问控制策略是保障网络安全的重要手段。图书馆应建立严格的用户身份验证和授权机制,确保只有合法用户才能访问网络资源。通过实施访问控制策略,图书馆可以限制非法用户的访问权限,防止未经授权的访问和恶意攻击。同时,图书馆还应定期对用户账号进行审查和管理,及时发现并处理异常行为,确保网络安全的稳定运行。除了上述提到的防火墙、加密技术和访问控制策略外,图书馆还应采取其他安全措施来增强网络安全。例如,图书馆可以定期备份重要数据,以防数据丢失或损坏;加强网络安全培训和教育,提高用户的安全意识和防范能力;建立网络安全事件应急响应机制,及时应对和处理网络安全事件等。

图书馆网络安全是图书馆信息化建设的重要组成部分。通过部署防火墙和入侵检测系统、采用加密技术、实施访问控制策略等多种手段，可以有效提升图书馆网络的安全性、稳定性和高效性。未来随着信息技术的不断发展和创新，图书馆网络安全将面临更多的挑战和机遇。因此，图书馆需要不断学习和掌握新的安全技术和管理方法，不断完善和优化网络安全体系，确保图书馆网络的持续稳定运行和读者服务的持续提升。同时，图书馆还应加强与相关部门和机构的合作与交流，共同推动图书馆网络安全事业的发展与进步。

三、数据存储设施

在图书馆的数字化进程中，高性能的数据存储系统显得尤为关键。它不仅关乎图书馆数字资源的存储安全，还直接影响到资源的访问效率和服务质量。因此，建立一个高效、稳定、可扩展的数据存储系统，对于现代图书馆来说至关重要。

（一）存储系统的架构设计

在图书馆的运营中，数据存储系统扮演着至关重要的角色。随着数字化、信息化的发展，图书馆需要处理、存储和访问的数据量急剧增长，这对数据存储系统的性能、稳定性和可扩展性提出了更高地要求。

在设计数据存储系统架构之前需要明确图书馆的具体需求，包括数据的增长趋势、访问频率、数据类型以及数据的安全性要求等。例如，图书馆可能需要存储大量的电子书籍、期刊文章、多媒体资源等，并且这些资源需要能够被快速地访问和下载。随着图书馆规模的扩大，数据量会不断增长，这就要求存储系统具有良好的扩展性。此外，图书馆还需要确保数据的安全性，防止数据丢失或被非法访问。

基于需求分析的结果，可以设计一个分布式存储系统架构。这种架构由多台服务器组成，共同承担存储任务，从而提高了系统的可用性和扩展性。具体来说，可以将数据存储在不同的服务器上，并通过负载均衡技术确保数据在不同服务器之间的均衡分布。这样，即使某台服务器出现故障，其他服务器仍然可以继续提供服务，保证了系统的可用性。同时，当数据量增长时，可以通过增加服务器来扩展系统的存储容量和性能，满足了系统的扩展性要求。在分布式存储系统中，数据通常会被分割成多个块（或称为分片），然后分散存储在不同的服务器上。为了便于数据的访问和管理，需要建立一个索引系统来记录每个数据块的位置信息。此外，为了提高数据的可靠性和可用性，还可以采用数据复制或数据备份策略，将每个数据块复制到多台服务器上，以防止数据丢失或损坏。

在实现分布式存储系统时，可以选择一些成熟的技术和工具来支持。例如，Hadoop Distributed File System（HDFS）可以作为底层存储引擎，它提供了高度可扩展、高容错性的分布式文件存储服务。同时，还可以使用负载均衡器来分配数据访问请求，确保数据在不同服务器之间的均衡分布。此外，为了保障数据的安全性，可以采用加密技术来保护数据的传输和存储过程的安全，防止数据被非法访问或篡改。运维管理同样至关重要，需要定期对存储系统进行维护和检查，确保系统的稳定运行。与此同时，建立完善的监控和报警机制，能够及时发现并处理系统中的故障和异常。为了保证数据的安全性和完整性，定期进行数据备份和恢复测试也是必要的，确保在发生意外情况时能够迅速恢复数据。

（二）数据存储的安全性保障

在数字化时代，图书馆作为知识的宝库，其数字资源的保护变得尤为重要。随着技术的不断进步，数字资源不仅数量剧增，其内容也越来越丰富多样，涵盖了图书、期刊、论文、多媒体资料等。这些数字资源不仅具有极高的学术价值，还可能是珍贵的知识产权。因此，如何确保这些资源的安全性和完整性，防止未经授权的访问和泄露，成为图书馆面临的重要挑战。

数据加密技术作为信息安全领域的关键技术之一，为图书馆数字资源的保护提供了有力地支持。加密技术通过对数据进行编码处理，使其在传输和存储过程中变得不可读，只有持有相应密钥的授权用户才能解密并访问这些资源。这样，即使数据在传输过程中被截获，或者存储介质被盗取，攻击者也无法轻易获取其中的内容。

对于图书馆而言，数据加密技术的应用不仅涉及数据传输的安全，还包括数据存储的安全。在数据传输方面，图书馆可以通过使用 SSL/TLS 等安全协议，对通过网络传输的数据进行加密，确保数据在传输过程中的安全性。在数据存储方面，图书馆可以采用磁盘加密、文件加密等技术，对存储在服务器或存储设备上的数据进行加密，防止未经授权的用户通过物理手段获取数据。

对于高度敏感或具有知识产权的内容，图书馆应采用高强度的加密算法，如 AES-256 等。这些算法能够提供极高的加密强度，使得即使数据被窃取，攻击者也需要耗费大量的时间和计算资源才能尝试解密。同时，图书馆还应结合访问控制策略，对这些加密数据进行更为严格的管理。例如，可以通过身份认证、权限控制等手段，确保只有经过授权的用户才能访问特定的加密数据。

除了技术层面的应用外，图书馆还应加强数据加密技术的宣传和培训。通过向用户普及加密技术的重要性和使用方法，提高用户的安全意识和操作技能。同时，图书馆还应建立完善的安全管理制度和应急预案，确保在发生安全事件时能够迅速响应和处理。

数据加密技术是保护图书馆数字资源的重要手段之一。通过合理应用数据加密技术，结合有效的访问控制策略和管理措施，图书馆可以大大提高数字资源的安全性和完整性，为用户提供更加安全、便捷的知识服务。同时，随着技术的不断发展和完善，图书馆还应不断探索和创新，将数据加密技术与其他安全技术相结合，构建更加完善、高效的信息安全保障体系。

（三）备份与恢复机制

随着技术的发展和数据的增长，如何确保图书馆数字资源的安全，防止其丢失或损坏，成了图书馆管理中的重要议题。为此，建立完善的备份和恢复机制显得尤为关键。

备份，简而言之，就是将数据复制到另一个存储介质或位置，以便在原始数据丢失或损坏时能够恢复。对于图书馆而言，备份的重要性不言而喻。备份可以保护数据免受各种灾害的影响，如火灾、水灾、地震等自然灾害，或者是硬件故障、人为错误等技术故障。备份还可以为数据提供历史版本，方便用户访问旧版本的内容，或者为学术研究提供历史数据的支持。

为了确保数字资源的安全，图书馆需要制定一套定期备份的策略。首先，要明确备份的频率。根据数据的更新速度和重要性，可以设定每日、每周、每月或每年的备份周期。其次，要选择适当的备份工具和技术，包括备份软件、存储介质等。再次，要确保备份过程中数据的完整性和一致性，避免出现数据损坏或丢失的情况。最后，备份设备的选择也是备份机制中的重要环节。图书馆应选择物理位置分离、环境稳定的备份设备,如磁带库、离线硬盘等。这样可以确保在灾害发生时,备份数据不会受到影响。同时,要对备份设备进行严格地管理和维护,确保其正常运行和数据的安全性。

备份数据并不是一成不变的,随着时间的推移,备份数据也可能出现损坏或丢失的情况。因此,图书馆需要定期测试备份数据的可恢复性。这可以通过模拟数据丢失或损坏的场景,尝试从备份中恢复数据来实现。同时,要记录备份数据的恢复过程和结果,以便在真正需要时能够迅速、完整地恢复数据。另外,随着技术的发展和数据的增长,图书馆需要持续优化备份与恢复机制,包括更新备份软件和技术、调整备份频率和策略、改进备份设备的管理和维护等。同时,要加强对备份与恢复机制的宣传和培训,提高图书馆员和用户的数据安全意识。

(四)访问控制和身份认证

随着图书馆资源的数字化和网络化,如何确保这些资源的安全性和机密性,防止非法访问和滥用,成为图书馆管理面临的重要挑战。为此,图书馆必须实施严格的访问控制和身份认证策略,以确保数字资源的安全和有效利用。

图书馆应首先明确数字资源的访问策略和目标,包括哪些资源需要保护、哪些用户或系统需要授权访问,以及访问的目的和范围等,这有助于为后续的访问控制策略制定提供明确地指导。基于明确的访问策略和目标,图书馆应制定详细的访问控制规则。这些规则应包括用户或系统的身份认证要求、访问权限的设置、访问时间和频率的限制等。同时,这些规则应定期更新和优化,以适应数字资源的变化和管理需求。图书馆应采用先进的技术手段,如防火墙、入侵检测系统等,实施访问控制措施。这些措施应能够有效地阻止未经授权的访问和滥用行为,确保数字资源的安全性。

图书馆还要实施多层次的身份认证策略,以增加非法访问的难度,包括用户名/密码认证、数字证书认证、生物识别认证等多种方式。通过这些方式的结合使用,可以大大提高身份认证的安全性和可靠性。为了防止身份信息的泄露和滥用,图书馆应定期更新和验证用户的身份信息,包括密码的定期更换、数字证书的更新和验证等。同时,图书馆还应建立有效的用户反馈机制,及时发现和处理身份认证中的问题。

图书馆应根据用户的身份、角色和需求,将用户划分为不同的级别,并为每个级别设置相应的访问权限,这有助于确保敏感数据不被不当访问和滥用。随着用户角色和需求的变化,图书馆应根据用户的工作职责、学术需求等因素,及时调整其访问权限的范围和级别。

通过实施严格的访问控制策略和身份认证策略,图书馆可以有效地保护数字资源的安全性和机密性,防止非法访问和滥用行为的发生。同时,这些策略还有助于提高图书馆的服务质量和效率,满足用户多样化的信息需求。未来,随着技术的不断发展和用户需求的变化,图书馆应继续优化和完善访问控制和身份认证策略,以适应新的挑战和机遇。这包括采用更加先进的身份认证技术、建立更加完善的访问控制机制等。同时,图书馆还应加强与其他机构的合作与交流,共同推动图书馆数字资源的安全管理和利用水平提升。

(五)物理安全

在图书馆的背景下,数据中心的物理安全是一个不容忽视的重要方面。图书馆作为知识的宝库和信息的聚集地,其数据中心承载着大量的文献资源、读者信息以及其他关键数据。因此,确保数据中心的物理安全,对于维护图书馆的正常运行和保障信息资产的安全至关重要。

首先,图书馆应该选择一个安全、可靠的环境来建设数据中心,包括考虑地理位置的安全性,避开自然灾害频发的地区,以及选择具备良好治安环境的区域。数据中心还应具备防火、防水、防震等基础设施,以应对各种突发情况。例如,安装高效的火灾报警和灭火系统,确保在火灾发生时能够迅速响应并控制火势;采取防水措施,防止因水灾等自然灾害导致数据中心受损。其次,对进入数据中心的人员进行严格管理至关重要。图书馆应建立严格的访客登记制度,对所有进出数据中心的人员进行登记和核实身份。安装监控摄像头和报警系统,对数据中心进行全方位无死角的监控,确保任何异常行为都能被及时发现并记录。对于数据中心的员工,应定期进行安全培训和教育,提高他们的安全意识和应对突发事件的能力。再次,硬件设备的加固也是物理安全的重要组成部分。服务器、存储设备等关键硬件应放置在专门的机柜内,并采取防盗措施,如安装防盗锁、使用电子门禁等,防止被非法拆卸或篡改。对硬件设备的维护和保养也是必不可少的,应定期进行检查、清洁和维修,确保设备的正常运行和延长使用寿命。最后,图书馆还应建立完善的物理安全管理制度和应急预案。这些制度应明确各项安全措施的执行标准和流程,为数据中心的物理安全提供有力的制度保障。同时,应急预案的制定和演练也是至关重要的,它能够帮助图书馆在面临突发事件时迅速响应、有效应对,最大程度地减少损失和保障数据安全。

图书馆数据中心的物理安全是一个复杂而重要的任务。通过选择安全可靠的环境、严格管理进出人员、加固硬件设备以及建立完善的管理制度和应急预案等措施,图书馆可以确保数据中心的物理安全得到有效保障。这将为图书馆的正常运行和读者服务提供坚实的基础,同时也为图书馆的未来发展提供有力地支撑。

四、环境监控设施

(一)温湿度监控

适宜的温湿度不仅能够为读者创造一个舒适的阅读环境,还有助于保护珍贵的书籍资料。过高的温度可能导致书籍老化加速,纸张变黄变脆,而湿度过大则可能引发书籍受潮发霉,造成不可逆的损害。因此,对图书馆进行温湿度的监控与调节显得尤为重要。随着科技的进步,温湿度监控技术已经越来越成熟。通过在图书馆内部安装温湿度传感器,可以实时获取图书馆内的温度和湿度数据。这些数据可以通过数据管理系统进行集中监控和分析,随时掌握图书馆环境的实时状态。一旦温湿度超出设定的理想范围,系统就会自动发出警报,提醒管理人员及时采取措施进行调整。理想的温湿度范围应该根据图书馆的具体情况和书籍的保存要求来确定。一般来说,温度控制在 20℃~25℃,湿度控制在 40%~60%是比较适宜的范围。在这个范围内,读者可以感到舒适宜人,书籍也能够得到良好的保护。当然,仅仅依靠温湿度监控技术是不够的。还需要定期对图书馆进行通风换气,保持空气的新鲜和干燥。同时,对于特别珍贵的书籍资料,还可以采用更加专业的保存措施,如恒温恒湿柜等,以确保它们的安全和完整。除了为读者创造一个舒适的阅读环境,温湿度监控还有助于图书馆的节能减排工作。通过精确控制空调系统的运行,可以在保证环境舒适度的同时,减少能源的消耗和浪费。这不仅有助于图书馆的可持续发展,也符合当前社会提倡的绿色环保理念。

温湿度监控对于图书馆来说具有非常重要的意义。它不仅关系到读者的舒适感和阅读体验,还直接影响到书籍资料的保护和图书馆的可持续发展。因此,应该重视并加强图书馆的温湿度监控工作,为读者创造一个更加舒适、健康、环保的阅读环境。同时,通过不断的技术创新和管理创新,还可以进一步提高图书馆的服务水平和综合竞争力,为社会的文化繁荣和进步作出更大的贡献。

(二)空气质量监控

在图书馆的环境监控系统中,空气质量监控扮演着至关重要的角色。与温湿度监控相似,空气质量同样直接影响着读者的阅读体验和身体健康。随着人们对室内环境污染的日益关注,图书馆作为公共阅读和学习的场所,其空气质量更是受到了广泛的关注。

图书馆内,由于大量书籍的存放和读者的频繁进出,容易导致空气质量的下降。例如,书籍长时间存放可能释放出甲醛等有害物质,读者的活动也可能带来外界的污染物,如 $PM_{2.5}$ 颗粒物等。这些有害物质在空气中的浓度一旦超过安全标准,就可能对读者的身体健康造成潜在威胁。因此,对图书馆内的空气质量进行实时监控和及时应对,显得尤为重要。为了实现有效的空气质量监控,图书馆可以引入专业的空气质量监测器。这些监测器能够实时监测图书馆内的 $PM_{2.5}$、甲醛等有害物质的含量,并将数据实时传输到管理系统中。一旦这些有害物质的浓度超过预设的安全标准,系统就会立即发出警报,提醒管理员及时采取措施。面对空气质量警报,图书馆管理员可以根据实际情况采取相应的应对措施。例如,当 $PM_{2.5}$ 浓度超标时,可以开启空气净化器等设备,对空气中的颗粒物进行过滤和净化;当甲醛浓度超标时,可以考虑增加通风换气次数,或者对书籍进行定期晾晒和通风处理。通过这些措施,可以有效提高图书馆内的空气质量,为读者提供更加健康、舒适的阅读环境。除了实时监控和应对措施外,图书馆还可以通过提高读者的环保意识、加强室内通风换气等方式,共同维护图书馆的空气质量。例如,可以在图书馆内设置环保提示标识,提醒读者注意保持室内清洁和卫生;可以定期开窗通风,确保室内空气的新鲜和流通。通过这些措施,可以让读者更加主动地参与到图书馆空气质量的维护中来,共同营造一个健康、和谐的阅读氛围。

(三)光照监控

在图书馆的运营和管理中,光照的监控与调节是一项至关重要的任务。光照不仅是影响阅读体验的关键因素,更是维护读者视力和心理健康的重要保障。随着科技的发展,现代图书馆已经引入了先进的光照监控系统,旨在为读者创造一个舒适、柔和的阅读环境。

光照是影响阅读体验的重要因素。过强或过弱的光线都会对读者的阅读造成干扰,甚至影响视力健康。在图书馆这样的阅读场所,光照的控制尤为重要。自然光是最理想的光源,它不仅提供了足够的亮度,还带来了温暖和舒适的感觉。然而,自然光的强度和均匀性受到天气、时间等多种因素的影响,难以始终保持理想状态。因此,图书馆需要安装光照传感器,以监控自然光和人工光的强度和均匀性。这些光照传感器能够实时监测图书馆内的光线强度,并将数据传输到中央控制系统。当自然光不足或人工光过强时,系统可以自动调节灯光,以确保图书馆内的光线始终处于最适宜的阅读范围。这样的自动调节不仅为读者提供了舒适的阅读环境,还避免了因长时间处于不适宜的光照条件下而对视力造成损害。除了自动调节灯光外,光照监控系统还可以根据不同的阅读需求和场景进行个性化的光照设置。例如,在阅览室和借阅区,可能需要更加明亮的光线以确保读者能够清晰地看到书籍和资料;而在休息区或咖啡厅,则可能需要更加柔和的光线来营造轻松愉快的氛围。通过光照监控系统的智能调节,图书馆可以根据不同区域的需求,提供恰到好处的光照环境。此外,光照监控系统还可以与图书馆的自动化管理系统相结合,实现更加智能化的管理。当图书馆内的光线变化时,系统可以自动调节灯光;同时,系统还可以根据图书馆的开放时间、人流量等因素进行智能调节,以确保图书馆在任何时候都能为读者提供最佳的光照环境。

光照监控在图书馆中的重要性不言而喻。通过安装光照传感器和建立光照监控系统,图书馆可以实现对自然光和人工光的实时监控和调节,为读者创造一个舒适、柔和的阅读环境。随着科技的不断进步和应用领域的不断拓展,光照监控技术将在图书馆管理中发挥更加重要的作用,为读者提供更加优质、便捷的服务。

(四)噪声监控

噪声监控在图书馆中的应用不仅关乎环境的维护,更是对读者权益的保障。图书馆作为一个供人们阅读、学习和研究的场所,其内部环境的安静程度直接影响到读者的工作效率和学习质量。因此,采用先进的噪声监控技术,对图书馆内部的声音进行实时监测和调控,具有十分重要的意义。

首先,噪声监控系统的安装可以有效降低图书馆内的噪声水平。通过高精度的噪声传感器,系统能够实时监测图书馆内的声音分贝数,一旦噪声超过预设的阈值,便会自动发出警告。这种及时的反馈机制能够提醒读者调整自己的声音大小,避免打扰到其他人。对于管理员而言,他们可以根据系统的数据了解图书馆内各区域的噪声情况,从而有针对性地进行管理,确保图书馆的整体环境始终处于一个相对安静的状态。其次,噪声监控系统的引入可以提升图书馆的管理效率。传统的图书馆管理方式往往需要管理员不断巡视各个区域,以确保读者遵守安静的规定。然而,这种方式不仅人力成本较高,而且难以做到全面覆盖。而噪声监控系统的使用则可以有效解决这一问题。系统能够自动记录噪声超标的时间和地点,为管理员提供翔实的数据支持。管理员可以根据这些数据,迅速定位到噪声源头,及时进行处理。这种高效的管理方式不仅能够减轻管理员的工作负担,还能提升图书馆的整体管理水平。再次,噪声监控系统还有助于提升读者的阅读体验。在图书馆中,一个安静的环境是读者沉浸于书海、享受阅读乐趣的基础。通过噪声监控系统的应用,图书馆能够创造一个更加宁静的阅读空间,让读者在舒适的环境中畅游知识的海洋。同时,这种系统还能在一定程度上减少读者之间的冲突和投诉,维护图书馆的和谐氛围。最后,噪声监控系统的应用也需要考虑一些实际问题。例如,系统的安装和维护成本、噪声阈值的设定,以及如何在保护读者隐私的前提下进行有效地监控等。这些问题的解决需要图书馆与专业的技术团队合作,共同研究和探索最适合的解决方案。

第二节 智慧图书馆的信息资源平台

一、数字资源平台概述

图书馆数字资源平台提供了丰富多样的学术和信息资源,涵盖了期刊杂志、学位论文、会议论文、报纸、工具书、年鉴、专利、标准、国学、海外文献等多种类型。这些资源不仅包括中文资源,如中国知网、读秀知识库、万方数据信息资源、龙源期刊网、中文社会科学引文索引等,还涉及外文文献和特色数据库,如畅想之星随书附赠光盘数据库等。此外,国家图书馆和数字图书馆还提供了古籍特藏、电子图书、音视频等多种形式的数字资源,包括文学小说、哲学历史、科普科幻、亲子童书等,以及专题课程和读书推荐等栏目,面向公众推送多样化学习资源。

中文资源平台
中国知网:提供期刊杂志、学位论文、会议论文等资源。
读秀知识库:提供馆藏纸质图书、电子图书、学术文章的统一检索和获取。
万方数据信息资源:包含学位论文、会议论文、外文文献等。
龙源期刊网:汇集多种人文大众类期刊。
中文社会科学引文索引:检索中文社会科学领域的论文收录和文献引用情况。
国家图书馆和数字图书馆:
提供综合性数字化古籍特藏文献,包括古籍全文检索分析系统;
拥有10万余册电子图书,涵盖文学小说、哲学历史等多个领域;
提供民国时期文献在线资源服务,包括民国图书、期刊和报纸;
设立专题课程和读书推荐等栏目,提供多样化学习资源。

这些平台不仅为学术研究提供了便利,也为广大读者提供了丰富的阅读和学习材料。通过这些平台,用户可以方便地访问到各种学术和文献资源,无论是进行学术研究、论文写作,还是日常学习阅读,都能找到所需的信息资源。

二、知识图谱:构建图书馆内的知识网络

知识图谱始于20世纪50年代,至今大致分为三个发展阶段:第一阶段(1955—1977年)是知识图谱的起源阶段,在这一阶段中引文网络分析开始成为一种研究当代科学发展脉络的常用方法;第二阶段(1977—2012年)是知识图谱的发展阶段,语义网得到快速发展,"知识本体"的研究开始成为计算机科学的一个重要领域,知识图谱吸收了语义网、本体在知识组织和表达方面的理念,使得知识更易于在计算机之间和计算机与人之间交换、流通和加工;第三阶段(2012年至今)是知识图谱繁荣阶段,2012年谷歌提出 Google Knowledge Graph,知识图谱正式得名,谷歌通过知识图谱技术改善了搜索引擎性能。在人工智能的蓬勃发展下,知识图谱

涉及到的知识抽取、表示、融合、推理、问答等关键问题得到一定程度的解决和突破,知识图谱成为知识服务领域的一个新热点,受到国内外学者和工业界广泛关注。

知识图谱用节点和关系所组成的图谱,为真实世界的各个场景直观地建模,运用"图"这种基础性、通用性的"语言","高保真"地表达这个多姿多彩世界的各种关系,并且非常直观、自然、直接和高效,不需要中间过程的转换和处理——这种中间过程的转换和处理,往往把问题复杂化,或者遗漏掉很多有价值的信息。在风控领域中,知识图谱产品为精准揭露"欺诈环""窝案""中介造假""洗钱"和其他复杂的欺诈手法,提供了新的方法和工具。尽管没有完美的反欺诈措施,但通过超越单个数据点并让多个节点进行联系,仍能发现一些隐藏信息,找到欺诈者的漏洞,通常这些看似正常不过的联系(关系),常常被我们忽视,但又是最有价值的反欺诈线索和风险突破口。尽管各个风险场景的业务风险不同,其欺诈方式也不同,但都有一个非常重要的共同点——欺诈依赖于信息不对称和间接层,且它们可以通过知识图谱的关联分析被揭示出来,高级欺诈也难以"隐身"。

凡是有关系的地方都可以用到知识图谱,事实上,知识图谱已经成功俘获了大量客户,且客户数量和应用领域还在不断增长中,包括沃尔玛、领英、阿迪达斯、惠普、FT金融时报等知名企业和机构。传统数据库通常通过表格、字段等方式进行读取,而关系的层级及表达方式多种多样,且基于图论和概率图模型,可以处理复杂多样的关联分析,满足企业各种角色关系的分析和管理需要。基于知识图谱的交互探索式分析,可以模拟人的思考过程去发现、求证、推理,业务人员自己就可以完成全部过程,不需要专业人员的协助。利用交互式机器学习技术,支持根据推理、纠错、标注等交互动作的学习功能,不断沉淀知识逻辑和模型,提高系统智能性,将知识沉淀在企业内部,降低对经验的依赖。图式的数据存储方式,相比传统存储方式,数据调取速度更快,图库可计算超过百万潜在的实体的属性分布,可实现秒级返回结果,真正实现人机互动的实时响应,让用户可以做到即时决策。

(一)知识抽取与实体识别

1.预处理阶段

对图书馆的海量信息资源进行清洗,去除HTML标签、无关字符等噪声数据,进行文本格式化和规范化处理。应用分词算法,如基于n-gram模型或深度学习的分词技术,将文本拆分成有意义的词汇或短语单元,并进行词性标注,识别每个词汇的词性(如名词、动词、形容词等)。

2.自然语言处理技术应用

利用依存句法分析技术,解析文本中的句子结构,识别主语、谓语、宾语等句法成分,构建句法树或依存图,以便更好地理解实体之间的关系。应用命名实体识别(Named Entity Recognition,NER)技术,基于规则、统计学习或深度学习模型,识别文本中的人名、地名、机构名等关键实体。

3.实体识别与细化

采用基于条件随机场(Conditional Random Fields,CRF)或双向长短期记忆网络(BiLSTM)等机器学习算法,训练实体识别模型,以更准确地识别文本中的实体。对识别出的实体进行细化处理,如利用实体链接(Entity Linking)技术,将实体与知识库中的相应条目进行关联,获取更丰富的实体信息。

4.概念抽取与语义分析

应用语义角色标注(Semantic Role Labeling,SRL)技术,识别文本中的动作及其相关的语义角色,抽取与动作相关的概念。利用主题模型(如 LDA 或 BERT 等)进行文本的主题分析,识别文本中的关键主题和概念。

5.知识库构建与优化

将识别出的实体和概念进行整理和组织,形成初步的知识库,并为每个实体和概念分配唯一的标识符。利用图数据库(如 Neo4j)或关系型数据库存储知识库,建立实体和概念之间的关系链接。对知识库进行索引和优化,如构建倒排索引、使用缓存机制等,以提高后续的知识图谱构建和查询效率。

6.质量控制与评估

采用准确率(Precision)、召回率(Recall)和 F1 值等指标对抽取的实体和概念进行质量评估。利用人工标注的数据集进行交叉验证和模型评估,不断改进实体识别和概念抽取的效果。同时,可以采用主动学习(Active Learning)等方法来逐步优化模型性能。

(二)关系建模与链接预测

1.图书馆实体间关系深度分析

对图书馆中的实体(如书籍、作者、出版社、读者等)执行详尽的关系分析,利用自然语言处理(NLP)技术中的依存句法分析和语义角色标注技术,从图书馆的文本资源(如书籍摘要、作者介绍、读者评论等)中抽取实体间的显式关系。识别并分类实体间的各种关系类型,例如"撰写"(作者-书籍)、"出版"(出版社-书籍)、"借阅"(读者-书籍)等,利用图书馆本体或领域知识库来辅助关系的识别和分类。

2.图书馆关系建模与图表示

根据图书馆实体间关系的特性,定义合适的关系模式,例如使用资源描述框架(RDF)三元组模式来表示实体间的关系。构建图书馆实体关系图,采用图数据库或图表示学习技术,将实体作为节点,关系作为边,形成复杂的图结构来表示图书馆知识间的相互关联。

3.图书馆知识链接与实体对齐

执行图书馆实体对齐任务,利用实体链接技术,将不同数据源(如图书馆目录、读者数据库、外部数据库等)中的相同实体进行对齐,确保它们在图书馆知识库中的唯一性和一致性。进行关系链接,通过关系对齐技术,识别并链接不同实体间相同或相似的关系,形成跨数据源的图书馆知识链接网络。

4.图书馆链接预测算法应用与模型训练

提取图书馆实体关系图中的节点特征,包括节点的度、邻居节点的特征、节点的局部和全局结构信息等,利用图嵌入技术将节点表示为低维稠密向量。计算节点间或节点与关系间的相似性,常用的方法包括余弦相似度、Jaccard 相似度以及基于图核的相似性度量。应用机器学习算法,如逻辑回归、支持向量机或深度学习模型(如图卷积网络),训练链接预测模型,以学习图书馆实体间存在链接的可能性。

5.图书馆潜在知识关联预测与结果优化

利用训练好的链接预测模型,对图书馆实体关系图中缺失的链接进行预测,即预测潜在的图书馆实体间关系,通过模型输出的置信度或概率来评估预测结果的可靠性。

对预测结果进行排序和筛选,选择置信度较高的预测作为新的知识关联添加到图书馆知识库中,同时考虑预测结果的多样性和覆盖率。

6.图书馆链接预测评估指标与优化策略

采用准确率、召回率和 F1 值等指标对图书馆链接预测的结果进行评估,同时考虑使用 AUC-ROC 曲线来评估模型的性能。根据评估结果调整模型参数和特征选择策略,优化链接预测模型的性能,例如通过交叉验证来选择最佳的模型参数组合,以提高图书馆链接预测的准确性和效率。

(三)可视化与交互设计

1.需求分析阶段

与图书馆的管理员、研究人员等潜在用户进行深入交流,通过访谈、问卷调查等方式,全面了解他们对知识图谱可视化的具体需求和期望。利用用户画像、场景分析等专业工具,详细描绘用户群体的特征和使用场景,确保设计能够满足用户的实际需求。确定用户期望的功能,如高级搜索、筛选、路径导航、实体详情查看、关联数据展示等,并明确这些功能的优先级。

2.界面布局与原型设计阶段

基于需求分析的结果,设计清晰、直观的界面布局,确保用户能够轻松找到所需功能,并遵循用户界面的设计原则,如一致性、可用性、可访问性等。利用原型设计工具(如 Sketch、Figma 等)创建界面原型,包括导航栏、工具栏、侧边栏、主视图等元素,并提供多种布局方案以供选择。进行原型评审,邀请潜在用户和相关专家对界面原型进行评估,收集他们的反馈和建议,以便进行后续的迭代优化。

3.可视化组件选择与实现阶段

根据知识图谱的特点和用户需求,选择合适的可视化组件,如节点(代表实体)、边(代表关系)、标签(显示实体或关系的名称或属性)、颜色(用于区分不同的实体类型或关系类型)等。利用可视化库(如 D3.js、ECharts 等)实现这些组件的可视化效果,并确保组件的清晰度和辨识度,使用户能够轻松区分不同的实体和关系。对可视化组件进行性能测试,确保其在不同设备和网络环境下都能稳定运行。

4.交互设计与实现阶段

设计流畅的交互方式,如点击、拖拽、缩放等,使用户能够轻松与知识图谱进行互动,并遵循交互设计原则,如及时反馈、操作便捷性、用户控制等。利用交互设计软件(如 Axure、Adobe XD 等)实现这些交互效果,并提供即时的反馈机制,如高亮显示、动画效果等,以增强用户的操作体验。进行交互测试,邀请潜在用户对相关交互功能进行测试,收集他们的反馈和建议,以便进行后续的迭代优化。

5.搜索与查询功能实现阶段

集成强大的搜索引擎(如 Elasticsearch、Solr 等),使用户能够快速找到感兴趣的实体或关系,并支持全文搜索、模糊搜索等高级搜索功能。提供多种查询方式,如关键词搜索、条件筛选

（如实体类型、关系类型、时间范围等）、组合查询等，以满足用户不同的查询需求。对搜索与查询功能进行性能测试和优化，确保其在处理大量数据时仍能保持高效的响应速度。

6.详情查看与导航实现阶段

设计详细的实体和关系查看页面，提供丰富的背景信息（如实体描述、来源、创建时间等）和关联数据（如相关实体、关系链等）。提供便捷的导航方式，如面包屑导航、路径导航等，使用户能够在不同实体和关系之间轻松跳转，并随时了解当前位置。对详情查看和导航功能进行用户测试，收集反馈并进行优化。

7.用户反馈收集与优化阶段

邀请潜在用户进行界面原型测试或实际使用测试，收集他们的反馈和建议，包括界面布局、可视化效果、交互方式、搜索与查询功能、详情查看与导航等方面。根据用户反馈对界面进行迭代优化，如调整布局、改进可视化效果、优化交互方式等，以确保满足用户的实际需求。

8.性能优化与部署阶段

对可视化界面进行性能优化，如减少 HTTP 请求、压缩图片和脚本文件、使用 CDN 加速等，以确保其在不同设备和网络环境下都能流畅运行。将优化后的界面部署到图书馆的服务器上，并进行全面地测试，确保其在实际使用中的稳定性和可用性。

9.培训与支持阶段

为图书馆管理员和研究人员提供必要的培训和支持，包括界面功能介绍、操作演示、常见问题解答等，以确保他们能够熟练使用新的可视化界面。提供详细的用户手册和在线帮助文档，方便用户随时查找和使用，并设立专门的客服支持渠道，及时解答用户的问题和反馈。

10.持续维护与更新阶段

定期收集用户的反馈和建议，对可视化界面进行持续的维护和更新，如修复已知问题、添加新功能、优化用户体验等。跟踪最新的可视化技术和交互设计理念，如虚拟现实、增强现实、人工智能等，不断探索和尝试将这些新技术应用到知识图谱可视化界面中，以提升用户体验和功能完善性。同时，关注行业内的最新动态和趋势，及时调整和优化设计策略，确保可视化界面始终保持领先地位。

三、个性化推荐：基于用户行为的智能推送

（一）协同过滤与内容推荐

1.数据收集与预处理阶段

利用图书馆的信息管理系统，收集用户的个人信息，如借阅历史、浏览记录、搜索行为、用户评分等，并整合成用户行为数据集。对收集到的数据进行预处理，包括数据清洗（去除无效或错误数据）、数据去重、数据格式化（统一数据格式和标准），以及处理缺失值等，以确保数据的质量和一致性。

2.用户画像构建阶段

利用用户行为数据集，通过用户行为分析和特征提取技术，构建用户画像。用户画像应包含用户的兴趣偏好（如喜欢的书籍类型、作者、主题等）、阅读习惯（如阅读时间、阅读频率等）、

知识需求(如学术研究领域、专业背景等)等多维度信息。将用户画像表示为向量或特征集合,其中每个特征都对应一个具体的用户属性或行为,以便后续的计算和推荐。

3.协同过滤算法应用阶段

利用用户-物品(如书籍、文章等)交互矩阵,通过相似度计算算法(如余弦相似度、皮尔逊相关系数等)计算用户之间的相似度或物品之间的相似度。根据相似度结果,采用基于用户的协同过滤算法或基于物品的协同过滤算法,为用户推荐与其相似用户喜欢的物品,或推荐与其喜欢物品相似的其他物品。推荐结果可以是一个按相似度排序的物品列表。

4.内容推荐策略制定阶段

对图书馆中的信息资源进行内容分析,包括书籍、文章、报告等,提取其内容特征,如关键词、主题、分类、摘要等。根据用户画像和内容特征,制定内容推荐策略。例如,可以采用基于关键词匹配的推荐策略,为用户推荐包含其感兴趣关键词的书籍或文章;也可以采用基于主题分类的推荐策略,为用户推荐与其感兴趣主题相关的信息资源。

5.协同过滤与内容推荐结合阶段

将协同过滤算法的结果和内容推荐策略的结果进行融合,得到综合的推荐列表。融合方法可以采用加权融合,即根据协同过滤和内容推荐的准确性或重要性为它们分配不同的权重,然后将两个推荐列表的得分进行加权求和,得到最终的推荐列表。也可以采用排序融合方法,即首先将协同过滤和内容推荐的推荐列表分别进行排序,然后根据一定的规则(如交替选择、优先选择高得分等)将两个列表中的物品合并成一个有序的推荐列表。

6.推荐结果优化与调整阶段

对推荐结果进行评估和优化。评估方法可以采用离线评估(如准确率、召回率、F1值等指标)或在线评估(如用户反馈、点击率、借阅率等指标)。根据评估结果对推荐算法和策略进行调整和优化。例如,可以调整协同过滤算法中的相似度计算方法或内容推荐策略中的关键词匹配规则,以提高推荐的准确性和用户满意度。

7.推送符合用户兴趣和需求的信息资源和阅读建议阶段

将优化后的推荐结果以个性化的方式推送给用户。推送方式可以包括图书馆的网站推荐栏目、APP推送通知、邮件订阅推荐等。在推送时,提供详细的推荐理由和相关信息,如推荐物品的简介、作者介绍、用户评价等,帮助用户更好地了解和选择推荐的信息资源和阅读建议。

(二)实时反馈与调整机制

1.实时反馈数据收集与处理

利用图书馆的信息管理系统(如 Alma 图书馆服务平台、Koha 图书馆自动化系统等)和用户交互界面,实时捕获用户的点击、浏览、借阅、评分、评论等交互行为。

通过事件追踪和日志记录技术(如 Apache Kafka、Flume 等),实时收集并处理这些数据,生成用户行为事件日志。对收集到的数据进行预处理,包括数据清洗、格式化和去重,以确保数据的质量和一致性。

2.实时行为分析与特征提取

利用实时数据分析技术(如 Apache Spark Streaming、Flink 等),对用户行为数据进行实时分析和处理。提取用户的兴趣偏好(如喜欢的书籍类型、作者、主题等)、阅读习惯(如阅读时间、阅读频率等)和知识需求(如学术研究领域、专业背景等)等多维度特征。将提取的特征表示为向量或特征集合，以便后续的计算和推荐。

3.推荐策略的动态调整与优化

根据用户的实时反馈和行为变化，利用机器学习算法(如强化学习中的 Q-learning、Sarsa 等，或在线学习中的随机梯度下降等)动态调整推荐策略。引入实时用户画像技术，根据用户的实时行为更新用户画像，以更准确地反映用户的当前兴趣和需求。考虑引入实时热门趋势检测算法(如基于时间序列分析的热门趋势检测)，以便及时捕捉并推荐当前的热门书籍或主题。

4.推荐结果的实时更新与推送

将调整后的推荐策略应用于实时推荐系统，通过推荐算法的计算和排序，得到最新的推荐结果。利用实时推送技术(如 WebSocket、Server-Sent Events 等)，将最新的推荐结果实时推送给用户，确保用户能够看到最新、最相关的推荐信息。

5.推荐效果的实时评估与持续优化

对实时推荐系统的效果进行实时评估，可以采用在线评估方法(如用户点击率、借阅率、页面停留时间等)。根据实时评估结果，持续优化推荐策略和调整机制。例如，可以实时调整机器学习算法的参数，或者根据用户的实时反馈引入新的推荐规则。

6.用户反馈的实时收集与循环利用

设立多种用户反馈渠道(如在线评论、社交媒体互动、用户调查等)，鼓励用户提供对推荐结果的实时反馈和意见。对用户反馈进行实时收集和分析，提取有用的信息和建议，用于改进推荐策略和调整机制。将用户反馈作为实时推荐系统的一部分，形成用户反馈的循环利用机制，不断优化推荐效果。

7.技术与系统的实时支持与维护

确保图书馆的信息管理系统和推荐系统具备实时数据处理和推荐更新的能力，需要对系统进行实时架构设计和优化，以确保其能够处理大量的实时数据并进行高效的计算；对系统进行定期维护和升级，以确保其稳定性和性能满足实时推荐的需求。

四、社区互动：促进信息共享与知识交流

(一)用户社区构建

1.需求分析与规划阶段

(1)深入调研用户需求：设计并发放包含具体问题的问卷，如"您希望社区提供哪些学术交流功能？""您更倾向于哪种界面风格的阅读心得分享区？"等，以全面了解用户对社区功能、界面设计、交互体验等方面的需求和期望。利用用户画像技术，对不同类型的用户进行细分，并分别进行访谈，以深入了解他们的使用习惯和痛点。

(2)制定详尽的社区规划：根据用户需求调研结果，制定社区的整体规划文档，包括社区的定位(如学术交流型、阅读分享型等)、目标用户群体(如学者、学生、普通读者等)、功能模块划分(如学术交流区、阅读心得分享区、成果展示区等)、预期用户行为路径等。确定社区的核心价值和长期发展目标，如促进学术领域的深度交流、提升用户的阅读体验和学术素养等。

2.平台搭建与开发阶段

(1)选择合适的技术架构:评估不同的技术架构,如基于微服务架构的社区平台、采用前后端分离的移动应用或混合模式,考虑其扩展性、维护性和用户体验。选择适合图书馆用户社区规模和功能需求的技术架构,如 Spring Cloud 微服务架构,并确定开发工具和语言,如 Java、React 等。

(2)开发全面的功能模块:利用 OAuth2.0 等认证技术,开发用户注册登录模块,确保用户信息的准确性和安全性。实现帖子发布与回复功能,支持 Markdown 语法等富文本编辑,以及图片、视频、PDF 等多种内容形式。添加点赞、评论、转发等互动功能,鼓励用户之间的互动和交流。提供文件上传与下载功能,支持学术资源和研究成果的共享,并采用水印、加密等技术保护版权。

(3)设计用户友好的界面与交互:设计简洁易用的用户界面,遵循用户体验设计原则,如 Fitts's Law 和 Hick's Law,确保用户能够方便快捷地进行操作。注重交互体验的设计,如响应式布局、动画效果、懒加载等,提高用户参与度和满意度。

3.内容引导与激励阶段

(1)设定明确的内容规范:制定社区内容规范文档,明确允许和禁止发布的内容类型,如学术讨论、阅读心得分享、原创作品等,禁止发布广告、恶意攻击、侵权内容等。设立内容审核机制,采用人工智能技术进行内容过滤和审核,确保社区内容的健康和合法性。

(2)引导用户积极分享:举办定期的分享活动,如"每月阅读心得分享会",利用线上直播或线下讲座,鼓励用户积极分享自己的阅读体验和学术见解。设立奖励机制,如"最佳分享奖",对积极参与分享的用户给予一定的奖励或荣誉,如社区积分、徽章、实体奖品等。

(3)激励优质内容的创作:对优质内容创作者给予更多的曝光机会,如将其作品推荐至首页、学术之星专区等。设立"学术之星"等荣誉称号,表彰在学术领域有突出贡献的用户,并给予一定的学术资源支持,如数据库访问权限、学术期刊订阅等。

4.社区管理与维护阶段

(1)建立专业的管理团队:组建由图书馆员、志愿者、领域专家等组成的社区管理团队,负责社区的日常管理和维护工作。对管理团队进行专业培训,提高他们的管理能力、服务意识和学术素养。

(2)制定详细的管理规则:制定用户行为准则,明确用户在社区中的行为规范和责任,如尊重他人、遵守版权法规等。设立违规处理办法,对违规行为进行及时处理和惩罚,如警告、禁言、封号等,确保社区的秩序和稳定。

(3)定期进行更新与维护:定期对社区进行更新和维护,修复漏洞、优化性能、更新内容等,确保社区的稳定运行和持续发展。收集用户反馈和建议,通过用户调研、在线问卷等方式,持续改进社区功能和用户体验。

5.推广与运营阶段

(1)多渠道推广策略:通过图书馆网站、社交媒体平台(如微博、微信公众号)、合作伙伴等多渠道进行社区推广,扩大社区的知名度和影响力。制定推广计划,包括推广内容(如社区特色、用户案例)、推广渠道(如社交媒体广告、合作伙伴推广)、推广时间(如开学季、学术会议期间)等,确保推广效果的最大化。

(2)持续运营与优化策略:根据用户反馈和数据分析结果,持续优化社区功能和用户体验,如调整界面布局、优化搜索功能等。设立运营团队,负责社区的日常运营和推广工作,提高社区的活跃度和用户满意度。定期对社区进行评估和总结,调整运营策略和发展方向,确保社区的长期发展和用户价值的最大化。

(二)话题讨论与专家引领

1.话题甄选与研讨框架构建

(1)用户需求深度调研:设计并发放包含具体问题的问卷,如"您认为哪些学术议题在当前具有迫切的探讨价值?""在阅读体验方面,您希望图书馆能关注并讨论哪些创新点?"等。利用文本分析工具对问卷开放式回答进行关键词提取和情感分析,以更全面地了解用户的兴趣点和关注点。

(2)话题甄选与深度框架设计:结合用户需求调研结果和图书馆资源,甄选出一系列具有前瞻性和探讨价值的话题,如"元宇宙与图书馆的未来:虚拟现实在阅读空间的应用""开放获取运动:学术资源的共享与挑战"等。为每个话题设计详细的研讨框架,包括研讨目标、预期成果、时间安排、参考文献列表、相关案例分析等,确保研讨的专业性和深度。

2.专家邀约与知识准备

(1)专家精准筛选与邀约:利用学术数据库、专业协会、社交媒体等多渠道,精准筛选与话题高度相关的专家学者,如元宇宙领域的先锋研究者、开放获取运动的倡导者等。发送个性化的邀约函,明确研讨的时间、地点、形式,以及专家的角色和职责,如提供专业见解、引导深入讨论、参与互动问答等。

(2)专家知识分享与预热:与专家沟通研讨框架和预期目标,提供相关的背景资料和最新研究成果,确保专家对研讨话题有全面地了解。邀请专家准备与话题相关的学术文章摘要、研究报告精华、实践案例分享等,以便在研讨中快速引导用户进入深度思考。

3.研讨坊平台搭建与推广策略

(1)研讨坊平台专业搭建:在图书馆社区平台上搭建"智慧碰撞:热门话题研讨坊"专区,为每个话题创建独立的研讨板块,并设计用户友好的交互界面。集成多种研讨工具,如在线文档协作平台、实时语音交流软件、高清视频会议系统等,以支持用户之间的无缝交流和高效协作。

(2)多维度推广策略:制定多维度的推广计划,包括社交媒体宣传(如微博、微信公众号、知乎等)、学术论坛合作、图书馆内部通知等。制作吸引眼球的推广内容,如话题亮点介绍视频、专家阵容海报、用户参与指南等,以吸引更多用户关注和参与。

4.研讨实施与深度互动

(1)高效研讨实施:按照设定的时间表进行研讨活动,确保每个话题都有充分的时间进行深入探讨。可以采用线上研讨、线下沙龙、混合模式等多种形式。邀请专家在研讨区发表专业见解、分享最新研究成果,并通过提问、解答、引导等方式与用户进行深度互动,促进思想的碰撞和知识的共享。

(2)用户深度互动与协作:鼓励用户积极参与研讨,发表自己的观点和看法,并提供相关的学术资源或实践经验作为支持。设立点赞、评论、转发等互动功能,促进用户之间的交流和互动。同时,提供协作工具,支持用户之间的合作和共同创作,如共同撰写研讨报告、合作开展小型研究项目等。

(三)学术成果展示与推广

1.平台搭建与功能设计

(1)技术选型与平台架构:选择基于微服务架构的云计算平台,以确保系统的高可用性和可扩展性。采用先进的开源内容管理系统(如 DSpace 或 EPrints)进行定制开发,以满足学术成果展示的特定需求。引入全文检索引擎(如 Elasticsearch)以实现高效的成果搜索功能。

(2)功能模块与界面设计:实现成果上传、分类管理、元数据提取、全文检索、在线阅读、多种格式下载(如 PDF、HTML)等基本功能。添加成果评价系统,包括同行评审流程、用户评分机制、引用次数统计及可视化展示。设计直观的用户界面,采用响应式设计以适应不同设备的屏幕大小。设立"学术交流"论坛,支持用户发表学术观点、提问、回答、讨论,并具备话题分类、热门话题推荐等功能。

2.成果征集与筛选

(1)广泛征集学术成果:通过图书馆官方网站、学术社交媒体(如 ResearchGate、Academia.edu)、电子邮件通知等多种渠道发布成果征集通知,并明确征集要求和提交方式。与高校、研究机构、学术期刊建立合作关系,定期获取其最新的研究成果,并进行数字化处理和元数据提取。

(2)成果筛选与质量控制:制定明确的成果筛选标准,包括学术价值评估指标(如影响因子、引用次数)、创新性判断依据(如新颖性分析方法)、实用性考量(如应用前景分析)。设立由领域专家组成的审核团队,对提交的成果进行严格的同行评审,包括初审、复审和终审环节,以确保展示的成果具有较高的学术质量。引入学术不端检测系统(如 Turnitin 或 CrossCheck),对成果进行原创性检测,确保展示的学术成果无抄袭、剽窃等问题。

3.成果推广与应用

(1)制定多元化推广策略:利用社交媒体平台(如微博、微信公众号、学术网站等)进行成果宣传,制作吸引人的成果摘要、海报和短视频。在学术论坛、研讨会等场合进行成果推介,邀请作者进行演讲或展示,并设立专门的成果展示区域。与产业界、政策制定者等建立联系,通过举办成果对接会、技术转移活动、创新创业大赛等方式,促进成果的实际应用。

(2)建立成果应用案例库与影响评估:收集并整理成果应用的成功案例,包括成果在实际问题中的应用场景、产生的经济效益或社会效益等,并进行量化评估。在平台上设立"成果应用案例"专区,以故事化、可视化的方式展示这些案例,鼓励更多的用户将成果应用于实际。定期发布成果应用影响力报告,对成果的应用效果进行客观、全面地评价。

4.学术影响力提升与品牌建设

(1)建立学术评价体系与奖励机制:在平台上建立学术评价体系,允许用户对展示的成果进行评价、打分、留言等,并公开显示评价数据。同时,引入第三方评价机构对成果进行客观评价。设立"优秀学术成果奖",对评价高、引用次数多、应用效果显著的成果进行表彰和奖励,提高作者的学术声誉和积极性。

(2)加强学术交流与合作网络建设:组织定期的在线研讨会、学术沙龙等活动,邀请知名学者、专家进行学术交流,并设立专门的讨论区和问答环节。与其他学术机构、图书馆等建立合作关系,共同举办学术会议、展览等活动,扩大图书馆的学术影响力和品牌知名度。推出"学术之星"计划,选拔并培养一批有潜力的青年学者,为他们提供展示成果、交流学术的平台和机会。

5.持续优化与反馈机制建设

(1)收集用户反馈与数据分析:通过在线问卷调查、用户访谈、意见箱等方式收集用户对平台的反馈意见,包括功能需求、使用体验、改进建议等。利用数据分析工具对平台的使用情况进行统计和分析,包括用户访问量、成果上传量、评价数据、下载量等,以了解用户行为和需求变化。

(2)平台持续优化与迭代升级:根据用户反馈和数据分析结果,持续优化平台的功能和界面设计,提升用户体验。例如,增加个性化推荐功能、优化搜索算法等。定期更新平台的内容,保持学术成果的时效性和新颖性。同时,根据学术发展的趋势和用户需求的变化,不断迭代升级平台的推广策略和功能模块。例如,引入虚拟现实技术展示成果、开发移动应用等。建立用户参与机制,鼓励用户提出改进建议和创新想法,共同推动平台的持续发展和创新。例如,设立"用户创新奖"、举办用户研讨会等。

五、开放接口与数据共享:打造智慧图书馆生态

(一)开放 API 接口设计

1.需求分析阶段

(1)识别目标用户与需求

目标用户:全球学术机构、科研团队、大型信息资源平台、独立开发者及数据科学家。

需求收集:通过定向调查问卷、深度访谈、用户研讨会及行业分析报告,系统性收集用户需求。

需求分析:运用需求分析工具(如 KANO 模型)对收集到的需求进行优先级排序,确定 API 的核心功能需求,包括高级资源检索、元数据收割、个性化资源推荐、用户行为分析等。

(2)确定 API 的功能范围

功能定义:明确 API 应提供的功能列表,涵盖资源发现服务、资源详情与状态查询、用户信息管理、资源预约与访问控制、数据可视化接口等。

参数与格式:为每个功能定义清晰的输入输出参数,确定请求和响应的数据格式,优先选择 JSON-LD 以支持语义网应用。

国际标准遵循:确保 API 设计遵循 RESTful API 设计原则、HTTP/2 协议、OpenAPI 规范等国际标准。

(3)考虑安全与合规性

数据保护法规:确保 API 设计符合 GDPR、CCPA 等国际数据保护法规,实施数据最小化原则。

安全机制:采用 OAuth 2.0 与 OpenID Connect 进行用户身份验证与授权,实施基于角色的访问控制(RBAC)与基于属性的访问控制(ABAC)。

合规性审查:利用自动化合规性检查工具(如 Open Policy Agent)定期审查 API 的合规性。

2.设计阶段

(1)选择适当的设计模式

RESTful API 设计:遵循 HATEOAS 原则,确保 API 的自描述性,利用 HAL 或 JSON API 等超媒体类型增强 API 的可发现性。

HTTP 方法选择:为每个功能精心选择 HTTP 方法,如使用 PATCH 进行部分更新,提升 API 的灵活性与效率。

端点设计:采用简洁且易于理解的 API 端点设计,如/api/resources? filter=type:book 表示过滤出书籍类型的资源。

(2)定义 API 的数据模型

数据模型设计:利用 JSON Schema 定义清晰的数据模型,确保数据的结构化与一致性,支持数据的验证与文档生成。

数据模型文档化:采用 Swagger 或 ReDoc 等工具自动生成数据模型文档,提供交互式 API 文档体验。

(3)编写 API 文档

文档工具选择:选择 Swagger(OpenAPI)作为 API 文档工具,利用其强大的生态系统支持 API 的设计、测试与文档生成。

文档内容编写:编写详尽的 API 文档,包括端点列表、参数说明、请求示例、响应示例、错误代码及可能的扩展点。

文档版本管理:实施 Git 版本控制,确保文档的更新与 API 的迭代保持同步。

3.开发阶段

(1)搭建开发环境

开发服务器配置:配置 Docker 容器化的开发环境,确保环境的一致性与可移植性。

数据库设计:采用 NoSQL 数据库(如 MongoDB)存储非结构化资源元数据,利用 GraphQL 实现灵活的数据查询。

环境一致性:使用 CI/CD 工具(如 Jenkins)确保开发、测试与生产环境的一致性。

(2)实现 API 功能

代码实现:利用 Spring Boot 框架实现 API 的各个端点与功能,采用微服务架构提升系统的可扩展性与可维护性。

单元测试:编写 JUnit 测试代码,确保每个端点的正确性,利用 Mockito 等工具进行依赖项的模拟。

(3)集成与测试

系统集成:利用 Kafka 等消息队列实现 API 与图书馆其他系统的异步集成,提升系统的响应速度与可靠性。

集成测试:使用 Postman、Newman 等工具进行集成测试,确保 API 与其他系统的协同工作,采用 Contract Testing 提升测试的准确性。

4.部署与维护阶段

(1)部署 API 到生产环境

生产环境配置:配置 Kubernetes 集群,实现 API 的容器化部署与自动伸缩。

API 部署:利用 Helm 进行 API 的部署与配置管理,确保部署的一致性与可重复性。

(2)监控与日志记录

监控机制实施:利用 Prometheus 与 Grafana 实施实时监控,跟踪 API 的使用情况与性能指标。

日志记录:采用 ELK Stack(Elasticsearch、Logstash、Kibana)进行日志的收集、分析与可视化。

(3)更新与维护

版本迭代:采用 Semantic Versioning 进行 API 的版本管理,确保版本的清晰与兼容性。

安全性审查:定期利用 OWASP Dependency-Check 等工具审查 API 的依赖项,确保安全性与合规性。

5.推广与支持阶段

(1)推广 API

学术渠道推广:在学术会议、研讨会等渠道进行演讲与展示,吸引学术机构与科研团队的关注与使用。

在线平台推广:在图书馆官方网站、GitHub、Dev.to 等在线平台上发布 API 文档、使用指南与教程,降低用户的使用门槛。

(2)提供技术支持

技术支持团队:设立专门的技术支持团队,通过电子邮件、在线聊天工具等渠道解答用户在使用 API 时遇到的问题。

用户论坛与社区:建立 Stack Overflow 标签、GitHub Discussions 或专门的用户论坛,鼓励用户分享使用经验、提问与解答问题。

(二)数据共享协议与标准

1.需求分析与目标设定阶段

(1)需求分析:深入分析图书馆内外部的数据共享需求,具体涵盖图书元数据(如 ISBN、标题、作者、出版信息等)、用户行为数据(如借阅历史、搜索记录等)、电子资源访问日志等。调研现有的数据共享协议和标准,如开放档案信息获取协议(OAI-PMH)、机器可读目录(MARC)、都柏林核心元数据术语等,评估其在图书馆数据共享中的适用性、局限性及潜在改进空间。

(2)目标设定:确保数据共享过程中的安全性,实施数据加密、访问控制等安全机制,遵循 TLS/SSL 协议进行数据传输加密,并部署基于角色的访问控制(RBAC)策略。确保数据共享的合规性,严格遵守《个人信息保护法》《数据安全法》等相关法律法规,确保用户隐私和数据安全。促进图书馆数据的广泛共享和有效利用,支持学术研究、数据分析、信息服务创新等多元化应用。制定一套全面、专业且适用于图书馆领域的数据共享协议和标准,包括数据格式规范、交换协议、共享范围界定等。

2.协议与标准草案制定阶段

(1)数据分类与定义:对图书馆数据进行详尽分类,如图书元数据、用户行为数据、电子资源访问日志等,并为每类数据定义明确的共享范围和使用限制。制定数据共享原则,如用户数据的共享需经用户明确同意,且需进行脱敏处理以保护用户隐私。

(2)安全性与合规性框架:确立数据加密、访问控制等核心安全措施,确保数据在共享过程中的安全性。采用先进的加密技术,如 AES-256,对敏感数据进行加密存储和传输。构建合规性框架,确保数据共享活动符合相关法律法规和行业标准的要求。设立合规性审查机制,对数据进行定期的合规性检查和审计。

(3)协议与标准内容设计:明确数据提供方和使用方的权利与义务,包括数据的提供方式、使用范围、保密义务、违约责任等。规定数据共享的流程、方式和时限,确立数据的申请、审批、传输、使用、存储和销毁等全生命周期管理流程。设定数据使用的约束条件和违规处理机制,对于违规使用数据的行为,将采取警告、限制访问、法律追究等严厉措施。

3.草案评审与修订阶段

(1)内部评审:组织图书馆内部相关部门和人员对草案进行评审,收集意见和建议,确保协议和标准的内部一致性和可操作性。根据内部评审结果对草案进行修订和完善,确保协议和标准的实用性和可行性。

(2)外部评审与专家咨询:邀请行业专家、法律顾问、数据安全专家等外部人员对草案进行评审,确保协议和标准的专业性、合规性和前瞻性。根据外部评审意见和专家建议对草案进行进一步修订,确保协议和标准的权威性和可信度。

4.协议与标准发布与实施阶段

(1)发布与宣传:将修订后的数据共享协议和标准以正式文件的形式发布,包括电子版和纸质版,并确保所有相关人员都能获取到最新版本的协议和标准。通过图书馆官方网站、社交媒体等渠道进行广泛宣传,提高协议和标准的知名度和影响力。

(2)实施与培训:组织针对图书馆工作人员和数据使用方的培训活动,详细介绍协议和标准的内容和要求,确保他们充分理解和遵守相关规定。设立监督机制,确保协议和标准的执行和遵守。设立数据共享管理委员会或指定专门的数据共享管理员负责监督数据共享活动的执行和合规性。

5.持续监督与更新阶段

(1)监督机制与合规性检查:定期对数据共享活动进行审计和检查,确保协议和标准的执行情况。设立独立的审计部门或委托第三方审计机构进行数据共享活动的合规性审计。设立投诉和举报渠道,如数据共享投诉邮箱和举报电话,及时处理违规行为并采取相应的纠正措施。

(2)更新机制与持续改进:建立协议和标准的更新机制,根据法律法规和行业标准的变化及时对协议和标准进行更新和修订。设立专门的更新小组负责跟踪相关法律法规和行业标准的变化,并及时提出更新建议。通过用户满意度调查、使用反馈等方式收集用户意见和建议,对协议和标准进行改进和优化。设立用户反馈渠道,如用户反馈邮箱或在线调查平台,鼓励用户提出改进建议和意见。

第三节 智慧图书馆的服务体系

近年来,智慧图书馆是图情行业研究的重要课题之一。智慧图书馆是向前兼容的,它包括了传统图书馆、数字图书馆等阶段能够提供的服务,在此基础上又拓展了更多的智能、智慧服务,它们依赖于一些新技术构建的数字基座,比如物联网、云计算、人工智能、机器人和大数据等技术构建的数字基础设施。图书馆坐拥海量数据,包括读者信息、图书借还预约数据、读者浏览检索等行为数据、读者和图书馆空间交互数据、读者咨询数据、座位预约数据、研讨间预约数据、全文学术数据库、电子书、专利数据、读者物理行踪、数字踪迹等,利用这些数据,理论上可以做到精准学术服务、资源服务、读者画像、资源画像、智能推荐、分析报告、决策报告等。这样的服务可以将图书馆服务质量提到更高层次,图书馆从简单的咨询服务、单纯的文献提供和单一的物理容身空间转向了知识服务、决策服务。

一、LSP 向 KSP 转变的研究与实践

LSP 是 Library Service Platform 的简称,即图书馆服务平台,学界多称下一代图书馆管理系统、下一代图书馆服务平台,主要是以纸电一体化为核心的图书馆业务管理和服务系统。KSP 是 Knowledge Service Platform 的简称,即知识服务平台。随着互联网技术在全球广泛应用,图书馆作为文献资源中心,也受到了大数据思维、互联网思维的冲击,高校图书馆一直面临着馆藏资源利用率低、馆际互借成本高、资源购置不平衡、读者需求多元及阅读载体多样化等巨大挑战。如何利用大数据思维应对资源建设危机,重塑高效资源采购流程,构建多元化的读者阅读体验,提高教学和科研服务水平是下一代图书馆搭建的核心问题。图书馆在之前的数十年一直在用各种"模块"来管理图书馆的活动,除了传统的系统管理纸本资源外,还有一些独立的系统来管理电子资源、数字化存档、机构库、科研数据管理等。工作流的集成、元数据的集成、不同接口的交互已经成为图书馆技术管理的重大挑战。图书馆系统已经不是简单的集成系统可以覆盖,而是一个综合的技术生态系统。

二、图书馆新需求

在当今由互联网向智联网发展的过程中,读者对图书馆的需求发生了显著的变化,馆员对于资源的管理也有了新的要求。图书馆在电子资源方面投入了更多的资金和人力,馆员需要借助新的平台进行纸电一体化管理,包括试用、采购、元数据统一管理和资源发现服务。读者希望能够通过纸电一体化查询方式,便捷地获取信息和全文内容。云计算为大数据提供了数据支撑,图书馆业务管理系统也相应进行了改革。新平台能够智能分析和预测数据,协助馆务决策。例如,根据读者的使用数据分析,新平台能够进行个性化阅读推荐,提升了服务读者的质量。图书馆服务平台能够稳定持续地服务于用户,通过 SOA 组件模式,实现多产品服务的

统一管理,支持多租户、订阅型服务,易部署、易管理、易维护,降低服务成本(减少图书馆硬件存储投入成本,降低图书馆系统运维要求),同时提升馆员的工作效率,提高读者的使用体验。与此同时,图书馆服务平台需要一个良好的发展生态,要坚持开放的态度,可接受第三方开发的应用,通过OAuth协议提供丰富的API,连接上游(出版社、资源商)、中游(书商、第三方服务商),到最终用户,降低成本、提高效率、完善服务体系。

三、新一代图书馆服务平台的理念

新一代图书馆服务平台以用户为中心,具备开放的生态环境,形成多资源、全终端、一体化的微服务应用体系,整合图书馆数据流和业务流,为图书馆提供完整的平台级解决方案。同时基于开放平台的数据总线服务,采用开放互联的方式融合与输出更多的应用服务,并利用云服务和共享知识库连接所有图书馆、数据资源和用户。LSP有其自身的优点,第一,全新的技术架构。采用Spring Cloud技术,系统中的各个微服务可被独立部署、运行和升级,分布式架构降低高并发风险,具备良好的兼容性和扩展性。第二,云计算SAAS服务模式。灵活的云部署方式,支持多租户模式、订阅服务,可定制化本馆业务流程,系统自动升级、无限扩展,无须安装和更新。第三,一体化的服务体系。实现纸质、电子、数字资源的一体化采购和管理,还包括统一的元数据中心和一体化读者服务,全面提高馆员工作效率和图书馆服务质量。第四,先进的分析决策。利用大数据技术,可进行文献保障分析、资源使用分析、读者行为分析以及学科分析等,并支持可视化展示。第五,统一资源发现。实时揭示电子资源,包含中文资源发现、分面分析、学术趋势分析,并提供知识关联图谱、智能辅助搜索等。第六,支持多终端平台展现。提供PC端、移动端的馆员应用平台,可进行采购、借阅等业务操作,还有读者微信服务平台,随时随地用起来。第七,开放性与安全性。通过开放平台连接第三方应用,确保系统的安全性和稳定性;具备多种加密策略,保护用户数据,支持本地数据备份;新技术推动智慧服务;支持人脸识别、图像识别、语音技术、智慧场馆等接入,还提供智能采选、自动收割统计报表等。

四、构建KSP知识服务平台为基础的智慧图书馆

为读者提供文献、资源和服务是图书馆的核心内容。然而,在目前互联网、移动互联网蓬勃发展的时期,资源少、不易获取不再是图书馆和读者之间的主要矛盾。相反,海量的资源信息反而给人们造成了选择的困惑。因此,知识服务是现阶段读者的主要需求,从文献服务到知识服务是传统图书馆发展到智慧图书馆阶段的一个必要条件。随着读者学习方式的变化,对图书馆服务的要求也起了变化,读者不再满足于简单的文献资源提供,而是需要更为智慧化的知识服务。在智慧图书馆语境下,依据下一代图书馆服务平台,图书馆要从过去的资源驱动型向服务主导型转变。在资源建设上,原来以图书馆为中心,现在需要向以用户需求为中心的方向转变;在图书馆拥有的资源形态上,发生了更多的变化,纸质书不再是唯一途径,电子、数字和影音资源迅速增长,纸电一体化合理分配和互补是新的需求,这也符合读者在新的信息环境下的学习和认知;在服务内容上,从仅提供文献、数据向提供知识服务转变。这种单一文献提供向复杂学习平台的转变、整册文献借阅服务向碎片化知识获取的转变,给图书馆的服务平台提出了新的要求,需要图书馆能够提供纸电一体化、资源融合、空间再造等服务为一体的综合

性服务平台。最终,知识服务平台将从以文献提供为主的服务向以信息输送、数据挖掘、空间再造、知识发现、智慧服务为主的"以人为本"的服务功能转变,最后的目标是提高智慧图书馆知识服务能力和水平,满足用户日益丰富的多样化、个性化需求。

智慧图书馆是面向未来的图书馆的发展理念和阶段。通过智慧化技术手段提高图书馆管理水平和服务效能,为用户获取知识信息提供更加便捷、高效地支持,为人的智慧活动需求提供精准知识信息服务。图书馆的智慧包括知识组织、知识加工、知识存储、知识传播和知识服务,以下将从四个方面进行解析。

(1)图书馆业务全流程的智慧化管理。梳理图书馆业务架构和业务内容,解构图书馆的传统流程,比如纸本书刊的采访、编目、典藏、流通,分析每个流程的特点,找出可以利用自动化手段改造的地方,着手进行智慧化管理设计。对于电子资源的管理,主要是从电子表格、邮件和即时通信工具等沟通、传递方式改变为全流程在线管理和服务,例如构建电子资源中央知识库,从电子资源的了解、试用、评价、订购、开通服务、发票和合同管理到续购或停购为止,进行全生命周期的管理和服务。全流程的智慧化重组,着重在于对工作流程的重组、对资源建设的重组、对人员的重组。重组的目的是对资源的有效管理、高效处理以及对读者的快速服务。重组的效果是实现文献信息全生命周期的一体化自动化管理,以工作流的方式转变图书馆基本业务的僵化结构。馆员是从事具体工作的最小单位,利用技术和系统解放馆员的手脚、释放馆员的活力,从而可以去从事面向高层次的服务,例如数据管理与服务、学科服务、专利分析、阅读推广以及如何将图书馆的资源全方位服务出去。

(2)知识资源的全网立体集成。在互联网时代,人们获取信息的来源多样化。图书馆和互联网不是竞争的关系,应该是互助和互补的关系。在智慧图书馆建设中,除了核心业务服务平台,还需建设数据中台,继而产生一系列软件产品,并与互联网公司沟通合作,利用开放接口对接数据、收割元数据,将互联网丰富的内容集成在图书馆系统中。同时,图书馆的书目数据等也可以提供给互联网内容提供商,以供相关的读者检索和利用。在图书馆和外界这种良好的生态构建之后,图书馆可以实现互联网环境下对网络原生资源、科学数据、开放存取资源、个人创作资源等多元知识内容的统一加工和揭示。

(3)知识服务生态链条的全域连通。知识服务从上游到下游,从信息文献到知识是一个有机的生态链。智慧图书馆语境下的知识服务将会进一步向生产、传播、消费等全生态链条延伸。

(4)学习阅读空间的线上线下虚实交互。智慧图书馆一个重要的组成部分是智慧空间,智慧空间概念比较广泛,原则上图书馆实体空间的每一部分都是它的组成部分,线上虚拟图书馆也是它的组成部分。从读者刷脸刷卡或者扫描二维码进入图书馆之后,读者和图书馆交互产生的数据也是智慧空间建设的组成部分,例如使用自助借还设备、查询图书、使用朗读亭、自助打印复印、使用管理系统、使用研讨小间、利用电脑使用图书馆的线上资源或者教程等等。研讨小间作为读者研讨的空间,可以做很多智能化服务,例如读者身份感知、智能推荐、学科资源推荐等。智慧图书馆需要做的是针对各类学习阅读场景量身定制个性化、智慧化解决方案,为用户提供便捷的支持与服务。读者和图书馆交互过程中产生的大量数据,例如用户需求、行为数据、空间、资源、设施工具等,这些数据都是实时的,智慧图书馆管理系统要及时匹配数据分析能力，在线上线下为用户提供服务。

五、知识服务目标下智慧图书馆建设总体思路

知识服务相对传统图书馆服务来说是更高层次的追求和服务，这也是智慧图书馆建设到了一定阶段必须要做的事情，从图书馆服务平台转向知识服务平台是必由之路。

1.知识服务平台技术实现

知识服务平台需要实现资源、服务、管理的全面智慧化升级；知识信息的采集、汇聚、整合及关联检索；贯穿知识创作、知识发表、知识存储、知识传播、知识发现到知识服务全链条的大数据基础设施的构建；建立知识资源存储系统，搭建开放式知识服务运营环境，辐射全国各级图书馆，普遍建立智慧化服务空间。

2.智慧图书馆建设总体架构模式

智慧图书馆云基础设施，采用公有云和私有云相结合的方式，公有云的灵活性更高、弹性更大。平台需要尽可能集成全网知识，形成数据湖、知识湖。湖的基础建成之后，就需要应用语义网、人工智能、智能标引、机器学习等技术，打造云知识生产中心，形成全网集成的智慧化知识网络图谱。提供对各个图书馆的数据支撑、提供知识服务社群。建立多维融合的知识服务平台之后，面向第三方平台进行生态服务、科研用户服务和社会公众服务。

数据湖是一种以原生格式存储各种大型原始数据集的数据库，可以通过数据湖宏观了解图书馆的数据。在一些需要为数据设置大型整体存储库的企业级业务中，数据湖正在成为一种更通行的数据管理策略。通过数据湖能够给用户提供更大的价值，能够进行新类型的分析，例如通过对业务数据、读者数据、设备空间数据、资源访问点击数据等新来源的机器学习，帮助馆员采选、合理布局馆藏，感知读者兴趣，进一步辅助图书馆管理层作出正确的决策，抓住图书馆的发展机会。

在数据湖建成之后，图书馆数据中心可以进行如下业务：第一，数据推送。不同业务系统通过旁路方式将数据推送至流数据处理中心，Spark Streaming 依据设定的业务规则对业务数据进行计算，并给予相应的响应。第二，收集数据。对数据写入没有限制，数据湖可以更容易的收集数据。第三，挖掘数据价值。自助分析，对数据进行分析，以及利用 AI、机器学习的技术，从数据中发掘更多的价值。第四，消除数据孤岛。数据湖中汇集了来自各个系统中的数据，这就消除了数据孤岛问题。第五，扩展性和敏捷性。利用分布式文件系统来存储数据，具有高度的扩展能力。此外，开源技术的使用还降低了存储成本；流/批数据处理的结合，提升了处理速度。基于该框架之上的应用包括数据查询分析服务、不完善记录扫描及数据修复、馆藏复本监控、图书下架参考、图书推荐、读者画像等功能。

3.下一代智慧图书馆管理系统

下一代智慧图书馆管理系统包括微服务系统架构、馆藏知识内容开放共享、各类终端设备智慧互联、全国图书馆文献资源业务协作环境、支持在线支付等服务手段，为知识的生产者、知识的服务者和知识的消费者提供内容审核、资源加工、用户画像、活动推广空间管理、版权运营、数据分析等一系列运营管理能力。

4.实体智慧服务空间

实体智慧服务空间的形态多为研讨小间、以知识主题为中心的共享空间等个性化服务空间。主要完成文献智慧化传递体系、设施设备智能化管理、多媒体智能交互阅读场景、数据智能化获取和分析、个性化服务空间、线下业务的智能化升级等任务。

六、构建三个支撑保障体系

知识服务是图书馆更高层次的服务,需要有一系列的保障体系来支撑这个服务的有效运行,现阶段可着眼于这三个体系的建设。

1.智慧图书馆评价体系建立

通过 KSP 平台的建立,结合智慧图书馆进一步的建设,智慧图书馆评价体系的建立就有了立足之地。一是图书馆全资源的实时动态监测,通过大数据对空间、设施、资源、服务等供给利用进行动态监控。二是科学立体评价,结合对用户需求、评论、行为偏好等数据的研究分析,对图书馆智慧管理运行效率及服务效能进行科学立体的评价。三是提供决策支撑,利用智慧服务的持续更新和财务资金投入优化配置来提供决策支撑。

2.智慧图书馆标准规范体系的建设

图书馆自动化管理系统从 LSP 转向 KSP 之后,以 KSP 为核心业务管理系统向外延伸,管理图书馆的全资源到这个阶段已经具备了建设智慧图书馆标准体系的条件。在此基础上围绕图书馆业务、数据、服务、技术和产品的建设、维护和管理,建立一套较为完善的标准规范体系,主要包含基础标准、技术标准、资源标准、服务标准等相关业务规范。

3.智慧图书馆研究及人才培养体系建设

智慧图书馆的建设说到底是由人来完成的,具备综合知识、创新思想和实践技能,特别是具有开放性思维、互联网思维的人才建设是重中之重,否则一切都是空中楼阁。这一部分是最难的,也是造成高大上的理论和实践脱节的最主要原因。人才建设的核心可能在于改革,打破很多人安于现状的条件。

七、KSP 中的智慧图书馆效能评估

智慧图书馆是以前各种业务、应用、数据和技术的集大成的发展阶段。LSP 作为业务和数据管理、服务的核心,在逐步向 KSP 发展。在此平台中,对图书馆机构的效能评估是一个重要的组成部分。效能评估功能建立在前期整合了图书馆的各类资源数据基础上,详细对数据进行分析,结合智能化的硬件设备,建立读者与数据的联系,将图书馆不同业务系统的数据统一存储进行相应数据分析维度的展示。一般从四个维度去进行评估:机构。对机构整体资源、读者、流通、服务等进行数据分析,及时准确地获得总分馆的服务效能数据,实现对各个分馆进行智慧管理,完善总分馆运行管理和效能评价,构建现代化公共文化服务体系。资源。分析本馆馆藏数据,从图书的馆藏、采购、利用等角度分析馆藏资源是否合理化配置;掌握馆藏的流通情况、利用情况,分析读者的阅读倾向,了解馆藏资源的合理性,对馆藏资源结构及时进行调整,以适应读者对馆藏资源的需求。读者。结合数据了解读者的数量和结构是否变化以及借阅需求和借阅动向,掌握读者对图书的需求特点。服务。结合空间设备和运营活动等数据统

计,分析读者利用图书馆的行为模式以及使用偏好。

  智慧图书馆建设目的之一是更好地管理与服务,将图书馆服务平台LSP逐步转向知识服务平台KSP是完成既定目标的重要步骤。知识服务不是个新概念,但是落地的产品和平台并不多,图书馆作为大学的文化信息中心、文献知识中心,应该承担起这个责任。以下一代图书馆管理系统为核心进行功能扩展、服务升级,知识服务目标下的智慧图书馆建设目标是帮助管理者运筹帷幄,实现图书馆智能化管理,拥有智慧大脑。智慧大脑是未来智慧图书馆的核心基础功能,它作为智慧图书馆的"神经中枢",高效汇聚海量数据,监测馆内各系统软硬件运行情况,自主深度分析和整合图书馆各项数据,驱动图书馆智能化管理,更好地为读者和图书馆员服务。

  知识服务目标下的智慧图书馆建设,最终要做到这几点。第一,建立数据中枢。进行大数据采集、分析及存储,针对图书馆的业务对可利用的数据进行整合,消除条块分割,实现数据互通,建立起分布式的数据中心。第二,进行动态可视化展示。打通不同类型和不同业务系统的数据,结合专题模型及算法,在大数据展示中心,可视化呈现图书馆业务监控,并进行运行监测和预警分析。第三,利用智能语音交互。支持采用语音方式展开人机交互,大脑语义引擎支持对自然语言分析能力,能一定程度上理解用户需求、能适配多个查询的业务场景。第四,建设数字驾驶舱。建设图书馆软硬件系统监控模块,实时动态监测图书馆运行各项监控系统及网络环境、服务运行状态,针对异常及时预警,为图书馆管理者提供直观、高效、可靠的决策支撑。第五,进行业务数据监控。对图书馆关键业务数据进行自动扫描,并按预设的规则进行修复,对异常信息进行消息推送。第六,图书馆智慧决策。根据经费预警信息、图书采购问题和读者借还等不同需求,利用图书馆大数据和人工智能分析多维度统计分析,引导图书馆科学决策。

第四章 大数据与图书馆信息资源管理

第一节 图书馆信息资源的种类与特点

一、图书馆信息资源的种类

图书馆信息资源主要包括纸质图书、期刊、报纸、学位论文、会议论文等印刷型资源,以及电子图书、电子期刊、数据库、网络资源等数字化资源。此外,还有多媒体资源如音频、视频、图像等。

(一)印刷型资源

印刷型资源作为图书馆馆藏的基石,承载着厚重的历史与文化积淀。它们不仅是知识的载体,更是人类智慧的结晶。图书馆通过精心筛选、整理和保存这些资源,为广大学者、研究人员和爱好者提供了一个宝贵的学术宝库。

在图书馆的印刷型资源中,纸质图书是最为丰富的一类。这些图书涵盖了各个学科领域,从经典名著到前沿研究,从自然科学到社会科学,从文学艺术到哲学思想,应有尽有。图书馆还特别注重收藏珍稀古籍和善本,这些珍贵的文献资源为研究者提供了深入了解历史文化、探寻学术渊源的宝贵机会。期刊是图书馆印刷型资源的另一大重要组成部分。这些期刊包括各种学术期刊、行业杂志和综合性期刊等,它们及时报道了各个领域的最新研究成果、行业动态和前沿进展。通过订阅这些期刊,图书馆为读者提供了一个了解学术动态、追踪研究热点的重要窗口。报纸作为新闻资讯的主要来源,也是图书馆不可或缺的资源之一。图书馆收藏的报纸种类繁多,既有综合性大报,也有专业性报纸。这些报纸为读者提供了丰富的新闻信息和社会动态,有助于他们了解国内外时事、把握社会发展趋势。除了纸质图书、期刊和报纸外,图书馆还收藏了一些印刷型特种文献,如地图、画册、乐谱等。这些特种文献以其独特的形式和内容,丰富了图书馆的馆藏资源,为读者提供了多样化的阅读选择。

同时,图书馆也收藏了大量的学位论文和会议论文,这些资源不仅可以帮助用户了解学术领域的前沿动态和最新成果,为用户提供研究思路和方法上的启示和借鉴,还在学术交流和传播方面也发挥着重要作用。这些论文的发表和传播,不仅促进了学术成果的共享和传承,更有助于推动学术领域的合作与发展。通过阅读和借鉴这些论文,研究者可以了解其他学者的研究思路和方法,从而拓宽自己的学术视野和思路。同时,这些论文也可以为后来的研究者提供重要的参考和依据,推动学术领域的不断发展和进步。

在数字化时代,尽管电子资源日益丰富,但印刷型资源在图书馆中仍然占据着不可替代的地位。它们具有独特的阅读体验、可触摸的实体感和历史文化的厚重感,这些都是电子资源无法完全替代的。此外,印刷型资源还具有稳定性高、易于保存和长期利用的优点,为图书馆的可持续发展提供了有力保障。为了更好地利用和管理印刷型资源,图书馆还采取了一系列措施。例如,通过建立完善的借阅制度和管理规范,确保资源的合理利用和有效保护;通过定期维护和修复,延长资源的使用寿命;通过举办展览、讲座等活动,推广印刷型资源的价值和意义。

(二)数字化资源

在现代社会,信息技术日新月异,为各行各业带来了前所未有的变革。图书馆作为知识的殿堂和信息的集散地,也在积极应对这一变革,大力引进和发展数字化资源。如今,数字化资源已经成为图书馆的重要组成部分,为用户提供了更为便捷、高效的信息获取方式。

数字化资源以其独特的优势,为图书馆的发展注入了新的活力。首先,数字化资源具有检索方便的特点。用户只需在图书馆的网站或移动应用上输入关键词,就能迅速找到所需的电子图书、电子期刊或数据库资源。这种检索方式不仅节省了用户的时间,还提高了信息的获取效率。其次,数字化资源更新迅速,能够紧跟时代步伐。与传统的纸质资源相比,数字化资源可以在第一时间更新最新的学术成果、研究成果和新闻资讯。这使得图书馆能够为用户提供最新、最全面的信息,满足用户在学术研究、工作学习等方面的需求。再者,数字化资源还具有便于保存的特点。传统的纸质资源容易受到环境、时间等因素的影响,而数字化资源则可以通过云存储等方式进行备份和保存,确保信息的长期保存和稳定可用。同时,数字化资源还可以实现跨平台、跨设备的访问和共享,为用户提供了更加灵活的信息获取方式。为了满足用户对数字化资源的需求,图书馆积极与各大出版社、学术机构等合作,引进和整合了大量的电子图书、电子期刊和数据库资源。最后,图书馆还不断优化和完善数字化资源的访问和使用方式,通过提升网站性能、优化移动应用体验等方式,为用户提供更加流畅、便捷的信息服务。随着数字化资源的不断发展和完善,图书馆将能够为用户提供更加全面、高效的信息服务。无论是学术研究、工作学习还是生活娱乐,用户都可以通过图书馆的数字化资源获取所需的信息和知识,享受更加便捷、智能的信息生活。

(三)网络资源

图书馆提供的网络资源种类繁多,包括各类学术网站、数据库、在线期刊、电子图书等。这些资源涵盖了各个学科领域,从自然科学到社会科学,从人文历史到工程技术,应有尽有。用户可以根据自己的需求,通过图书馆的网络平台轻松访问这些资源,获取所需的知识和信息。图书馆网络资源的最大特点之一是信息量大。这些资源汇聚了全球范围内的学术研究成果,为用户提供了海量的学习材料。无论是查找某个领域的最新研究进展,还是深入了解某个知识点的历史渊源,用户都可以在这些网络资源中找到答案。此外,图书馆网络资源的更新也非常及时。随着科技的进步和学术研究的深入,新的研究成果和理论不断涌现。图书馆会及时更新网络资源,确保用户能够获取到最新的学术信息。这种时效性对于用户来说至关重要,它可以帮助用户及时了解学科动态,把握研究前沿。图书馆网络资源的交互性也很强。用户可以通过网络平台与其他用户进行交流和讨论,分享自己的学术观点和研究成果。这种交互性不仅有助于用户拓展思路、激发灵感,还可以促进学术交流和合作,推动学科的发展。

除了提供丰富的网络资源外,图书馆还会对这些资源进行筛选和整理,确保用户能够获取到高质量的信息。图书馆拥有专业的团队,他们对学术资源有着深厚的了解和判断力,会根据用户的需求和兴趣,筛选出最有价值的资源,为用户提供精准的推荐和引导。

此外,图书馆还会定期举办各种网络资源的培训和讲座,帮助用户更好地利用这些资源。这些培训和讲座通常由专业的图书馆员或学者主讲,他们会详细介绍网络资源的种类、特点和使用方法,解答用户在使用过程中遇到的问题和困惑。同时,图书馆还提供了完善的检索系统和个性化推荐服务。用户可以通过关键词、作者、主题等多种方式检索所需资源,系统还会根据用户的检索历史和偏好,为用户推荐相关资源,提高用户的使用效率和满意度。图书馆还注重保护用户的隐私和安全。在网络资源的利用过程中,图书馆会严格遵守相关法律法规,保护用户的个人信息和知识产权。同时,图书馆还会采取一系列措施,确保网络资源的安全性和稳定性,防止信息泄露和恶意攻击。

除了提供丰富的网络资源,满足用户在学习、研究、创新等各方面的需求外,图书馆在网络资源管理和利用方面的优势主要体现在以下几个方面:首先,图书馆拥有专业的团队对网络资源进行筛选和整理,确保用户能够获取到高质量的信息;其次,图书馆提供了完善的检索系统和个性化推荐服务,提高了用户的使用效率和满意度;最后,图书馆注重保护用户的隐私和安全,为用户提供了一个安全、可靠的网络资源利用环境。

(四)多媒体资源

除了传统的纸质书籍、期刊杂志等文本资源外,多媒体资源已经成为图书馆不可或缺的重要组成部分。这些多媒体资源包括音频、视频、图像等多种形式,它们以更加直观、生动的方式传递着信息和知识,极大地丰富了用户的学习和研究体验。

音频资源在图书馆中占据着重要的地位。无论是经典的音乐作品、有声读物,还是历史事件的录音、专家的讲座录音,都为用户提供了深入了解知识、感受艺术魅力的渠道。用户可以通过图书馆的在线平台或专门的音频设备,随时随地聆听这些音频资源,沉浸在知识的海洋中。这些音频资源不仅能够帮助用户提升语言能力、拓宽视野,还能够带来心灵的愉悦和放松。视频资源是图书馆多媒体资源中的另一大亮点。视频资源以图像和声音相结合的方式,能够更加生动地展现事物的全貌和细节。在图书馆中,用户可以找到各种类型的视频资源,如纪录片、教学视频、电影等。这些视频资源不仅能够提供丰富的视觉体验,还能够帮助用户更加深入地了解历史事件、科学原理、文化艺术等领域的知识。同时,视频资源还具有互动性强的特点,用户可以通过弹幕、评论等方式与其他用户进行交流互动,分享学习心得和体验。图像资源在图书馆中也发挥着不可或缺的作用。图像资源包括各种类型的图片、图表、照片等,它们以直观、形象的方式展现了事物的外观和特征。在图书馆中,用户可以找到大量的图像资源,用于辅助学习、研究或创作。这些图像资源不仅能够帮助用户更好地理解知识点,还能够激发用户的创造力和想象力。同时,图像资源还具有易于分享和传播的特点,用户可以通过社交媒体等渠道将这些图片分享给其他人,促进知识的传播和共享。除了以上提到的音频、视频和图像资源外,图书馆还提供了其他形式的多媒体资源,如交互式课件、虚拟现实(VR)资源等。这些多媒体资源通过运用先进的技术手段,为用户带来了更加沉浸式的学习和研究体验。例如,交互式课件可以通过动画、游戏等方式帮助用户更好地掌握知识点;虚拟现实资源则可以为用户创造出逼真的虚拟环境,让用户仿佛置身于实际场景中,更加深入地了解事物的本质和特征。

二、图书馆信息资源的特点

(一)多样性

首先,文字资源是图书馆信息资源的重要组成部分。这些资源以纸质或电子的形式存在,包括各种学术著作、文学作品、期刊杂志等。纸质书籍具有独特的魅力,它们承载着历史的厚重感和文化的传承,让读者在翻阅的过程中感受到知识的温度。而电子书籍则具有便捷性、可检索性等优点,使读者能够随时随地获取所需信息。图书馆还提供了丰富的数字期刊资源,这些期刊涵盖了各个领域的前沿研究成果,为科研人员和学者提供了宝贵的学术资源。其次,图像资源也是图书馆信息资源中不可或缺的一部分。图像资源包括图片、图表、照片等,它们以直观、形象的方式传递信息,有助于读者更好地理解和掌握知识。图书馆中的图像资源涉及各个领域,如历史、艺术、科学等,这些资源为读者提供了丰富的视觉体验,有助于激发他们的学习兴趣和创造力。此外,音频资源也是图书馆信息资源多样性的体现。音频资源包括有声读物、讲座录音、音乐等,它们以声音的形式传递信息,为读者提供了更加丰富的阅读体验。有声读物尤其适合视力不佳或喜欢听书的读者,而讲座录音则可以让读者随时聆听专家的精彩演讲,了解最新的学术动态。最后,视频资源作为图书馆信息资源的重要组成部分,以其直观、生动的特点深受读者喜爱。视频资源包括教学视频、纪录片、电影等,它们以影像的方式呈现知识,使读者能够更加直观地了解事物的本质和规律。教学视频尤其适合初学者,可以帮助他们快速掌握知识和技能;纪录片则可以让读者了解世界各地的风土人情和历史文化;电影则可以作为一种娱乐方式,让读者在轻松愉快的氛围中获取知识。

图书馆信息资源的多样性不仅体现在资源类型的丰富性上,还体现在资源格式的多样性上。这些多样化的信息资源为读者提供了丰富的选择空间,使他们能够根据自己的需求和兴趣选择适合自己的阅读方式。同时,多样化的信息资源也有助于提高读者的信息素养和综合能力,促进他们的全面发展。未来,随着科技的进步和社会的发展,图书馆的信息资源将会更加丰富和多样。图书馆应该积极应用新技术,加强与各方的合作,不断拓展信息资源的获取渠道和方式,以满足读者日益增长的信息需求。同时,图书馆还应该加强对信息资源的整合和管理,提高信息资源的利用效率和价值,为读者提供更加优质的信息服务。

(二)海量性

海量性,这一词汇在当今信息化社会中愈发显得重要。特别是在图书馆这一知识的殿堂中,海量性所蕴含的意义更是深远而广泛。随着信息技术的迅猛发展,图书馆的信息资源数量呈现出惊人的增长态势,这不仅为学术研究、知识普及和文化传承提供了更为丰富的资源基础,同时也对图书馆的管理、服务及技术创新提出了更高的挑战和要求。

信息技术的进步为图书馆的信息资源增长提供了强有力的支持。传统的图书馆主要依赖于纸质文献的收藏,其数量和种类受到物理空间的限制。然而,随着数字化、网络化和智能化的深入发展,图书馆的信息资源形式发生了翻天覆地的变化。电子图书、期刊、数据库、多媒体资源等数字化资源的涌现,极大地丰富了图书馆的信息资源种类和数量。同时,云计算、大数据等技术的应用,使得图书馆能够实现对海量信息资源的存储、管理和共享,进一步提升了信息资源的利用效率和价值。海量性不仅意味着信息资源的丰富和多样,更代表着一种全新的服务理念和管理模式。在海量信息的背景下,图书馆需要更加注重对信息资源的整合和优化,以便为读者提供更加精准、高效的服务。这包括对信息资源的分类、标引、检索等方面的优化,以及对读者需求的分析和预测,从而提供更加个性化的服务。同时,图书馆还需要加强对信息资源的质量控制和版权管理,确保信息资源的准确性和合法性,维护图书馆的良好形象和声誉。

海量性也给图书馆的技术创新带来了新的挑战和机遇。随着信息技术的不断发展,图书馆需要不断更新和升级自身的技术设备和系统,以适应海量信息资源的存储、管理和应用需求。例如,图书馆需要建立高效的数据存储和备份系统,确保信息资源的安全性和稳定性;开发智能化的检索系统和推荐系统,帮助读者快速找到所需的信息资源,提高信息资源的利用效率。除了技术创新外,图书馆还需要在人才培养和队伍建设方面做出努力,海量信息资源的管理和应用需要一支具备专业知识和技能的队伍来支撑。图书馆需要加强对馆员的培训和教育,提高他们的信息素养和技术能力,以便更好地应对海量信息资源的挑战和机遇。同时,图书馆还需要积极引进和培养具有创新意识和实践能力的人才,为图书馆的发展注入新的活力和动力。

海量性是图书馆在信息化社会中面临的重要特征之一。图书馆需要积极应对海量性带来的变化,加强信息资源的整合和优化,提升服务质量和效率,推动技术创新和人才培养,以便更好地满足读者的需求,为学术研究、知识普及和文化传承作出更大的贡献。

(三)动态性

动态性,作为图书馆信息资源的一大核心特征,深刻影响着图书馆的运营与发展。站在图书馆的层面,动态性不仅体现了信息资源的时效性和更新速度,更展示了图书馆作为知识传递与存储中心的活力和灵活性。

从资源更新的角度来看,图书馆信息资源的动态性表现为持续不断的新资源加入。这些新资源可能包括新出版的书籍、期刊论文、电子资源等,它们涵盖了各个领域的知识和信息,为读者提供了更为丰富和多元的学习与研究材料。图书馆通过采购、捐赠、合作共享等多种方式,不断引进新的信息资源,以满足读者日益增长的需求和变化多样的学术兴趣。动态性还体现在旧资源的替换或删除上。随着时间的推移，一些资源可能因为过时、损坏或重复而被替换或删除。这种替换或删除的过程，实际上是对图书馆信息资源的优化和升级。通过淘汰过时或低质量的资源，图书馆能够保持其信息资源的先进性和准确性，为读者提供更为可靠和有价值的知识服务。动态性还与图书馆的信息资源管理和服务密切相关。图书馆需要建立一套完善的信息资源管理机制，包括资源采购、分类、编目、借阅、归还等各个环节的规范化和标准化。同时，图书馆还需要利用现代信息技术手段，如数据挖掘、信息检索等，对信息资源进行深度开发和利用，为读者提供更加便捷、高效的服务。

在动态性的影响下，图书馆需要不断提升自身的适应能力和创新能力。一方面，图书馆需要密切关注学科领域的发展动态和读者的需求变化，及时调整和优化信息资源的结构和布局。另一方面，图书馆还需要积极探索新的服务模式和技术手段，如数字化服务、个性化推荐等，以满足读者的多样化需求，并不断提升自身的竞争力和影响力。动态性也为图书馆带来了挑战和机遇。随着信息技术的不断发展和信息资源的爆炸式增长，图书馆面临着信息过载、信息质量参差不齐等问题。同时，读者的信息需求和获取方式也在发生深刻变化，对图书馆的服务质量和效率提出了更高地要求。因此，图书馆需要在动态性的推动下，不断创新和完善自身的信息资源建设和服务体系，以应对挑战并抓住机遇。

动态性是图书馆信息资源的重要特征之一，它反映了图书馆作为知识传递与存储中心的活力和灵活性。图书馆需要充分利用动态性的优势，不断提升自身的适应能力和创新能力，为读者提供更加优质、高效的知识服务。同时，图书馆也需要关注动态性带来的挑战和机遇，不断完善自身的信息资源建设和服务体系，以适应时代的发展和读者的需求变化。

（四）共享性

图书馆信息资源的共享性，指的是图书馆通过特定的方式和方法，将馆藏资源、服务、技术等与广大用户共享，满足不同用户的信息需求。这种共享性不仅体现在物理资源的借阅和传递上，更体现在数字资源的网络访问、远程服务等方面。图书馆信息资源的共享性具有以下几个显著特点：

1.开放性

图书馆信息资源共享的前提是开放，即图书馆应向所有用户开放，不论其身份、地位或地域。这种开放性使得图书馆成为一个真正的公共知识空间，任何人都可以在这里获取所需的信息和知识。

2.多样性

图书馆信息资源共享的内容丰富多样，包括图书、期刊、报纸、音频、视频等各种形式的资源。这些资源涵盖了人文、社会科学、自然科学等多个领域，为用户提供了广阔的选择空间。

3.互动性

图书馆信息资源的共享不仅仅是单向的传递，更包括用户与用户、用户与图书馆之间的双向互动。用户可以通过评论、分享、推荐等方式参与到资源的共享过程中，提高资源的利用率和满意度。

图书馆信息资源的共享性通过多种方式得以实现，主要包括以下几个方面：

1.借阅服务

图书馆提供借阅服务是实现资源共享的基本方式。通过借阅服务，用户可以借阅到图书馆的纸质图书、期刊等物理资源，满足其学习和研究的需求。

2.网络访问

随着信息技术的快速发展，图书馆的数字资源逐渐成为用户获取信息的重要途径。图书馆通过建设数字图书馆、提供网络访问接口等方式，使用户能够随时随地访问图书馆的电子图书、期刊、论文等数字资源。

3.远程服务

图书馆还通过远程服务的方式实现资源共享。例如，图书馆可以提供在线咨询、远程辅导等服务，帮助用户解决在使用过程中遇到的问题；同时，图书馆还可以开展跨地区的馆际互借、文献传递等合作，实现资源的互通有无。

对于图书馆而言，共享性能够提升图书馆的社会影响力和服务效益。通过实现资源共享，图书馆能够吸引更多的用户前来使用，提高馆藏资源的利用率；同时，共享性也有助于图书馆与其他机构开展合作与交流，共同推动图书馆事业的发展。

对于用户而言，共享性则能够满足其多样化的信息需求。无论是学术研究、工作学习还是休闲娱乐，用户都可以通过图书馆的信息资源共享平台获取到所需的信息和知识；同时，共享性也有助于用户之间的交流与互动，促进知识的传播和创新。

尽管图书馆信息资源的共享性带来了诸多好处，但在实践中也面临着一些挑战和困难。首先，版权问题是影响图书馆信息资源共享的关键因素之一。在共享过程中，图书馆需要尊重知识产权，遵守版权法规，避免侵犯他人的合法权益。为此，图书馆应加强与版权所有者的沟通与合作，建立合理的版权授权机制，确保资源的合法共享。其次，技术问题是制约图书馆信息资源共享的另一个重要因素。随着信息技术的不断发展，图书馆需要不断更新和完善自身的技术设施和服务平台，以适应用户日益增长的信息需求。再次，图书馆还应加强对用户的技术支持和培训，提高用户的信息素养和使用能力。最后，资源共享过程中还可能存在信息安全和隐私保护等问题。图书馆需要采取有效的安全措施和技术手段，保护用户的信息安全和隐私不受侵犯。例如，通过数据加密、访问控制等方式确保资源的安全传输和存储；建立健全的用户信息管理制度，防止用户信息泄露和滥用。针对以上挑战和困难，图书馆可以采取以下应对策略：一是加强法律法规的宣传和执行力度，提高用户对版权问题的认识和重视程度；二是加大技术投入和创新力度，提升图书馆的技术水平和服务质量；三是加强用户教育和培训力度，提高用户的信息素养和使用能力；四是加强与相关机构的合作与交流，共同推动图书馆信息资源共享事业的发展。

通过实现资源共享，图书馆不仅能够提升服务效益和社会影响力，还能够满足用户多样化的信息需求。然而，在实践中，图书馆也面临着诸多挑战和困难。因此，需要不断探索和创新，采取有效的措施和策略来推动图书馆信息资源共享事业的发展，为构建知识型社会作出更大的贡献。

第二节 基于大数据的图书馆信息资源推荐系统

一、用户行为分析

图书馆用户行为分析，是指在获得图书馆用户新型多结构数据的情况下，对相关数据进行交叉融合分析，建立关联数据模型，预测用户行为，从中发现用户访问图书馆资源的规律，并将这些规律与服务策略等相结合，以发现服务过程中存在的问题，并为进一步优化服务提供数据和建议，从而改进服务方式。基于数据挖掘（Data Mining）的读者行为分析，在处理过程中会应用到语义分析技术、图文转换技术、信息感知技术、GIS 技术等手段，并依次按数据采集、规律探索、规律形成三个阶段进行处理，最终将某些规律尽可能以可理解的方式表现出来。在处理数据过程中，并非所有的信息发现过程都被视为数据挖掘，例如利用搜索引擎进行信息检索时，虽然这些检索任务会包含内在的复杂算法，但是它们还是基于传统的计算机技术实现信息的检索与关联，与数据挖掘的真正含义还是有所差别。读者行为分析就是指对读者访问数据的行为分析。读者访问的数据产生于图书馆服务系统中，包括机构信息化系统与数字服务平台。从数据的属性来看，产生的数据可分为基础性数据和运行数据两大部分。图书馆基础性数据是指图书馆的设施设备、服务资源、人员、用户基本情况等数据。图书馆运行数据是指基础性数据中的某些要素发生服务或使用关系时产生的服务数据与行为数据，包括图书馆传统业务与管理数据、图书馆数字与信息服务数据、图书馆各类传感器和监控设备数据。

（一）数据处理方法与步骤

数据收集常常通过 Chukwa、Flume、Scibe 等工具，而在数据挖掘过程中可能会用到 PageRank、CART、K-means 等多种算法，并借助于 SPSS、SQL、Excel、互联网统计等多种工具进行数据处理。数据处理过程有数据预处理、数据降噪、数据筛选、数据转换、数据合成。数据预处理和降噪是将大量的原始数据中没有利用价值数据去除，并对部分数据进行"修补"，在数据的筛选和转换中，需要建立关联规则，用来揭示数据间联系，并提炼出有内在关系的数据组，从中找出有价值的信息。在处理大量的读者访问数据信息过程中，主要通过下列一些常见指标来分析访问图书馆的读者行为特征。

读者访问图书馆可以访问实体馆和网络图书馆。对于读者访问实体馆数据，通过视频捕捉来统计实时到馆人数，网络访问量则通过计算机系统实现。网络访问量指标有单位时间内的浏览量（PV）、访客数（UV）、IP 数、跳出率、平均访问时长。这些指标可以进行排列组合，统计时间可以定制为每日、每时，统计分析粒度按处理需求可设置为一日、一周、一月。如此我们便可以取得读者不同时段对于图书馆实体和网络访问情况，不仅仅局限于原先的特定对象在单位时间内的访问结果。这对于图书馆管理者来说，不再是了解大概的访问情况，完全可以了解到一天中每个小时内的访问情况，合理安排图书馆开放时间，并在不同时段进行精细化管理。

对于网络访问图书馆,我们可以通过数据分析来查看网络访问来源的具体细节。在数据分析中选择"转化目标"后,按来源可划分为直接域名访问、搜索引擎、外部链接等类型。读者通过搜索引擎访问主要有百度、360搜索、Google、Bing、搜搜等,目前从统计结果看通过百度搜索图书馆网站后点击访问比例最大,占比达80％,这与网民使用中文搜索引擎情况相一致。读者在访问网络时所运用到的浏览器大致依次为IE、Google Chrome、Firefox等类型。从目前的统计结果来看,访问图书馆网站使用PC的读者占多数,而使用手机、平板等移动浏览终端的只占极少数。如将来图书馆不断扩大受众面,并迎合读者的移动阅读趋势,可以大力发展手机图书馆、移动版图书馆网站来满足读者这一方面的需求。

从访客的来源分析可以得到主要用户群的地域分布,一般从网络和实体两个途径进行统计。统计网络访问数据,设置的最小区域单位为省份,并以表单形式呈现读者所在的省份,如对南京图书馆网站访问数据分析,得知2016年上半年,来自江苏本省内的读者访问量最多,其次是北京。这样从统计结果表明,南京图书馆的网络用户主要分布于省内各地,对全国的辐射能力还是有限的。实体数据统计是根据读者办理借阅证的注册信息获取,如统计数据后发现在到馆读者中,南京图书馆所在地的附近居民和南京所在的各大学的学生居多,因此随着暑期的到来,南京图书馆就要意识到学生族会剧增的到馆量,要在这一时段做好应对措施。

每一位访问读者都有其性别、年龄、职业、学历等常规属性,除此以外,读者的兴趣、爱好、专业、从事课题,以及借阅图书情况等属性也是读者特征构成的不可或缺的部分,图书馆应根据读者的不同构成属性提供相关服务。例如对南京图书馆访问读者进行统计,其结果是以男性居多,年龄分布以20～39岁为主,学历水平多在本科以上,职业分布以教育/学生、IT从业人员较多,这说明南京图书馆的读者知识构成相对较高,那么在提供服务中应侧重于满足文化层次相对较高的年轻人的知识信息服务,不只是满足简单的借阅需求服务。

读者到馆访问量大、浏览网站次数多、频率高等可以反映一个图书馆资源情况,也可以反映出一个图书馆的服务水平。图书馆网站的可读性、易用性、稳定性、互动性等方面若具有较高的水平,可以提升读者的"忠诚度",访问时就会浏览多个页面。在对某些图书馆网站进行数据统计时,浏览一两页的读者占绝大多数,说明忠诚度不高,也就表明图书馆网站存在着某些方面的不足,或者是网页设计上存在易用性差现象,或者是网站资源内容不够丰富。图书馆应及时对网站进行改版,让读者在访问时更容易获取到想要的资源。例如南京图书馆网站目前只有一个入口,一方面在网站首页提供了很多馆内信息,同时也链接了很多馆外信息资源,这样由于链接层次较深,就会导致读者没有足够的耐心寻找下去。作为公共图书馆,既要留住老读者,又能吸引新读者,就要能够产生粘滞性。如果读者粘滞性较高,说明图书馆服务质量较高;如果新访客占比较多,则说明需要进一步提高和改善服务质量和水平。

目前,电子资源在图书馆馆藏资源中增速极为迅猛,访问量也在迅速攀升。如何科学、全面、精细地满足读者对各类电子资源的需求?图书馆需要不断地对馆藏电子资源的访问状况和使用价值进行相关的会话分析和模型分析,乃至进行正确合理地科学评价,这样才能为图书馆优化、购买馆藏电子资源提供科学决策支撑。对于访问量大的数据库,要积极地联系数据库厂家及时更新资源内容,并扩大访问席位。另一方面对于访问量少,但具有使用价值的数据库要扩大宣传,或延伸其访问 IP 地址,尽可能地让用户知晓并加以利用。确实因质量或内容不符的数据库要立即停止购买,以节省图书馆的资金。

(二)读者行为分析的目的与意义

在互联网浪潮发展趋势下,现在整个社会都在讲创新与转型,谈"互联网+"的概念,同样图书馆也不能置身事外,要积极的融入社会变革的大潮。用创新的思维和独特的理念,塑造新时期下图书馆发展的新业态。就此,基于大数据背景下的图书馆通过数据挖掘对读者行为分析的目的与意义,笔者认为是要达到以下几个方面。

大数据分析可以将数据库中类似属性的数据进行关联分析,找出共同特性,从而为群体提供分类信息,为个体提供个性化、智能化信息。这种方式能够有针对性地满足群体和个体的需求,较以往的方式有了质的飞跃。技术的进步正在让人类的行为变得可量度、可预测,同时行业的发展也在呼唤这样的技术来区分读者需求差异、识别场景、提炼出个体需求,行为分析技术正是破解这些难题的关键工具。借助于行为分析系统可以帮助图书馆掌握馆藏资源的使用状况和质量,实现资源发展与遴选的科学决策,了解哪些馆藏资源最受读者欢迎,监管用户对资源的规范使用。

基于用户体验的信息构建从空间上构建了面向用户开展个性化服务的支撑环境、流程和服务框架,这一框架为图书馆定制个性化服务的开展奠定了基础,例如根据读者现有的喜好和浏览行为,通过建立模型来匹配与读者的相关信息,推送其感兴趣的知识信息,制定有针对性的服务内容。对信息构建而言,读者的属性信息如性别、年龄、文化程度等特征已经不能体现最大价值,还要进一步分析其他异构的个体信息。构建信息空间时,信息构建应体现个性化特征,形成有针对性的信息集合,并以用户体验为中心,从服务内容到服务风格上以非固态的组织架构来匹配用户的需求。只有这样,图书馆才能从读者的角度出发,更好地提升服务质量,富有效率地满足读者的内在需求。也只有这样,图书馆才能真正地根据实际需求,合理调整资源布置,建设好馆藏资源,提升文化品牌知名度。有社会影响力的文化也是一种软实力,文化品牌也是一种无形的价值。

个人征信信息不仅存在于金融行业,对于交通、安全、文化等领域,都会有个人征信的数据体现。图书馆通过对读者的访问原始数据进行挖掘分析,可以详细、清楚地了解读者的行为习惯,同样可建立个人诚信指数,指数较高的个体或年度优秀读者,可以优化其借阅权限和额度。社会化信息资源统一是社会发展的趋势,未来个体原始数据必将引入社会化管理范畴中,读者在图书馆获取的征信也可以成为社会征信系统数据的来源。另外,从读者现实需求出发,图书馆可以根据读者的个人阅读倾向、习惯等特征找出服务方式中存在的不足,更好地优化服务措施,提升服务水平和效能,更加精准、有效地满足读者需求,收获更多的社会收益。

图书馆根据读者个体行为进行类型细分,可以使图书馆对不同的个体采取更有效的知识服务策略,提供个性化服务,使双方都受益。

随时间推移,部分读者或因丧失阅读兴趣、或有更好的阅读场所、或无暇阅读等原因流失,但同时新读者也在源源不断地加入图书馆的阅读体验中。图书馆怎样来继续吸引已有的读者,可采用数据挖掘技术对已流失读者的数据进行分析,例如进行一些关联分析找出流失相关的规则,对流失读者群建立决策树模型,然后对活跃的读者进行预测,对可能流失的读者群采取预防措施。具体可在读者类型细分的基础上，进行"一对一"的个性化服务来提高读者的满意度，通过满意的服务来维持住一个相对稳定的读者群。我们通过个性化服务推荐准确度的两个测试可进行验证，在测试 1 中采用基于用户模式聚类与 Mapreduce 结合的个性化推荐方法，在测试 2 中采用基于关联规则挖掘与 Mapreduce 结合的个性化推荐方法。结果表明，测试 1 中为图书馆新用户的推荐平均准确度为 81%，普通用户的推荐平均准确度为 73%；测试 2 中为图书馆新用户的推荐平均准确度为 71%，普通用户的推荐平均准确度为 93%。通过数据对比，测试 1 的图书馆个性化推荐方法适用于新用户，测试 2 的图书馆个性化推荐方法适合普通用户。因此，图书馆对于新老读者可选择不同的应用方式来满足不同类型读者的需求，提高图书馆的满意度，将吸引并留住更多的读者。

二、资源推荐算法

（一）数据收集与处理

为了提供更加精准、个性化的服务，图书馆开始注重数据收集与处理工作，尤其是用户行为数据和图书资源元数据。这些数据为图书馆的推荐算法提供了坚实的基础，使得图书馆能够更好地满足用户的需求，提升用户的阅读体验。

图书馆的数据收集工作是一项系统而复杂的过程。图书馆需要收集用户的借阅记录，包括用户借阅的图书名称、借阅时间、归还时间等信息。通过借阅记录，图书馆可以了解用户的阅读偏好、阅读速度以及阅读趋势。例如，如果一位用户频繁借阅科幻小说，那么图书馆就可以推断出该用户对科幻题材有着浓厚的兴趣，从而在推荐图书时给予更多的关注。图书馆还需要收集用户的浏览历史。用户在图书馆网站上浏览图书、期刊、报纸等资源的记录，能够反映出用户的兴趣和需求。通过分析用户的浏览历史，图书馆可以了解用户的浏览习惯、浏览时长以及浏览深度等信息。这些信息有助于图书馆优化网站布局，提升用户体验，同时也为推荐算法提供了重要的参考依据。此外，图书馆还需要收集用户的搜索关键词。用户在搜索图书资源时输入的关键词，往往能够直接反映出用户的需求和兴趣。通过分析用户的搜索关键词，图书馆可以了解用户的阅读需求、阅读目的以及阅读期望。例如，如果用户搜索"心理学入门"，那么图书馆就可以推断出用户可能想要了解心理学的基本概念和研究领域，从而为用户推荐相关的心理学图书。

除了收集用户行为数据外，图书馆还需要对图书资源进行元数据提取。元数据是描述图书资源属性和特征的数据，包括图书的主题、关键词、作者、出版社等信息。通过元数据提取，图书馆可以建立图书资源的结构化数据库，方便用户进行检索和查询。元数据也是推荐算法的重要依据。例如，如果一位用户借阅了一本关于人工智能的图书，那么图书馆就可以根据该图书的元数据，为用户推荐其他与人工智能相关的图书或期刊。在数据收集与处理的过程中，图书馆还需要注意数据的质量和完整性。数据质量直接影响到推荐算法的效果和用户的阅读体验。因此，图书馆需要建立严格的数据质量控制机制，确保收集到的数据准确、可靠。同时，图书馆还需要对缺失的数据进行补充和完善，以提高数据的完整性。例如，对于某些借阅记录缺失的用户，图书馆可以通过发送邮件或短信的方式，提醒用户补充完善借阅信息。

数据收集与处理是图书馆提升服务质量和阅读体验的重要手段。通过收集用户行为数据和图书资源元数据，图书馆可以更好地了解用户的需求和兴趣，提供更加精准、个性化的服务。图书馆还需要注重数据的质量和完整性，确保推荐算法的效果和用户的阅读体验。在未来的发展中，图书馆将继续深化数据收集与处理工作，探索更加智能、高效的服务模式，为用户带来更加美好的阅读体验。

（二）协同过滤推荐算法

过滤推荐是在信息过滤和信息系统中一项很受欢迎的技术。传统的方法是在用户兴趣爱好分析的基础之上的，在群体中指定一个用户来选择自己相似或者喜欢的用户，结合这些用户对统一的信息问题的不同评价，形成一个稳定的系统来预测他们对这些内容的喜爱情况。它是传统的多种推荐技术的一种，因其算法简单高效，在实践中受到广泛青睐，同时也引起了大量研究者的关注。另一种是基于项目的推荐，假设用户可能较偏爱的项目是与自己喜欢的项目具有类似性。可以根据用户对各种项目的评价来判断项目之间的相似程度，然后推荐与用户兴趣最接近的那些项目。这种方法通过协同过滤，对比特定的用户所有的选择性行为跟其他人之间的相同程度，来选择出拥有相似爱好和喜好的人，通常称之为"同好"。如果系统能够识别出某个用户的"同好"用户，就可以将这些用户最喜爱的内容推荐给该用户。基于"同好"的推荐假设是，过去选择与用户相似的用户在未来的行为中也可能表现出相似的偏好。因此，推荐这些用户的喜好内容往往效果最佳。该技术的核心思想是找到彼此之间最相似的"邻居"，通过计算用户之间的相似度来预测他们最感兴趣的内容。同时，项目推荐则通过比较不同项目的相似度，根据其历史评分确定"最邻近"项目，进而生成推荐。目前图书馆面临以下四种问题：

（1）图书的元数据稀少，仅包括书名、作者、出版社、出版时间。

（2）图书馆的系统较老，考虑到安全和隐私原因，也仅愿意"暴露"最少量的用户数。

（3）没有显式的评分数据、没有评论数据。

（4）规模最大的数据是借阅日志和隐式反馈数据（二值）。

基于既往累计的超过几百万条借阅记录和超过十万条查询记录，为读者提供图书和查询的智能推荐技术，只有协同过滤推荐技术才可以解决以上四个问题。协同过滤是使用较多的一种推荐系统，不用过多地分析它包含的内容，可能是系统通过跟使用者具有很多相同爱好和兴趣的成员使用过的内容进行推荐，即通过听取别人的看法和意见来为自己服务并且推荐所需产品的。因此，使用者推荐的东西和自己以前使用或者爱好的有些不大一样，但可以激发用户本身的潜在需求，更有甚者是把参观者最后变成了自己的客户。由于相邻的用户组所使用的资料是受目标的推荐，所以个性十足。其优点是能推荐新的不同的产品，对兴趣进行详尽的研究发现，自我适应能力非常强，质量会渐渐地提高起来。

智慧图书馆图书的推荐过程具体如下：

（1）获取图书的属性信息，图书属性信息的提取是利用图书的属性特征，提取有关的信息，例如关键词、作者、出版单位等属性信息，并根据用户的兴趣和爱好程度赋予相应的权重，用用户兴趣模型的建立和推荐用户的算法来解决。

（2）进行匹配获得符合用户需要的图书，系统过滤匹配机制将所有图书的描述日志与某用户的描述日志进行相似度匹配，最终为每本图书算出针对该用户描述日志相似度的值，并按值的大小进行排列。在推荐系统具体实现时,采用寻找最近邻居的方法计算针对图书的关键属性的相似度,相似度越小算法越好,为此找出计算量小、准确度较高的算法。

(3)在适当时机以好友的方式将推荐结果发送给邻居用户,实现多个近邻用户和多个近邻项目结合,是智慧图书馆推荐图书的一个复杂过程。该过程需要考虑的因素很多,其中最重要的是算法的简洁性、时间复杂度、有效性和准确度。协同过滤推荐算法作为推荐系统的核心,通过分析用户在智慧图书馆中的历史行为数据(如图书评分)来挖掘用户间的相似性,从而精准推荐可能感兴趣的书籍。该算法的实现包含基于用户和基于项目的两种方式,前者通过计算用户相似度预测评分,后者则基于图书间相似度进行推荐。为提升推荐效果,我们创新性地融合了多个近邻用户和项目的相似度信息,生成综合相似度矩阵,有效预测并推荐图书。性能评估采用 Epinions 数据集,通过调整近邻数量优化 MAE 值,实验表明结合策略显著提升了推荐精度,同时有效应对了数据稀疏性、冷启动及可扩展性等问题。面对实际应用中的稀疏性、冷启动、可扩展性等问题,我们提出了一系列解决方案,如维规约、矩阵填充、聚类等技术,以增强算法鲁棒性。

(三)基于内容的推荐算法

基于内容的推荐算法在图书馆中的应用,为读者提供了更加个性化和精准的推荐服务。这种算法的核心在于对图书的内容属性进行深入分析和理解,以便为用户推荐与其兴趣相匹配的图书。

基于内容的推荐算法通过分析图书的文本内容、主题、关键词等特征,建立图书之间的关联关系。这些特征可以通过自然语言处理技术提取和表示,从而实现对图书内容的深入理解。例如,对于一本关于人工智能的图书,算法可以识别出其中的关键概念、技术方法和应用领域,从而确定其与其他相关图书的关联度。这种关联关系的建立为图书馆提供了丰富的推荐资源,可以根据用户的借阅历史和兴趣偏好,为其推荐合适的图书。

基于内容的推荐算法具有一些显著的优势。它不需要依赖于用户行为数据,可以适用于新用户或者用户行为数据较少的情况。由于推荐结果主要基于图书自身的特征,可以避免一些因为用户行为数据偏差导致的推荐不准确的问题。基于内容的推荐算法还可以帮助图书馆发现一些冷门但具有潜力的图书,从而提高馆藏的利用率和读者的满意度。

然而,基于内容的推荐算法也面临一些挑战。对于图书内容的深入理解需要依赖于自然语言处理技术的发展。目前,尽管自然语言处理技术已经取得了很大的进步,但在处理复杂文本和提取深层语义信息方面仍然存在一些局限性。基于内容的推荐算法可能无法完全捕捉到用户的个性化需求。由于每个用户的阅读兴趣和偏好都有所不同,仅仅依靠图书的内容属性进行推荐可能无法满足所有用户的需求。因此,图书馆还需要结合其他推荐算法和技术,如协同过滤、深度学习等,以提高推荐的准确性和个性化程度。

为了克服这些挑战,图书馆可以采取以下措施。首先,加强与自然语言处理技术的研究合作,不断优化和提升对图书内容的理解和分析能力。其次,结合用户行为数据和反馈信息,对推荐算法进行迭代和优化,以提高推荐的准确性和个性化程度。最后,图书馆还可以考虑引入更多的数据源和特征信息,如用户评论、图书评分等,以丰富推荐模型的输入,提高推荐的多样性和可信度。

随着自然语言处理技术的不断进步和图书馆数字化进程的加速推进,基于内容的推荐算法将能够更好地理解和分析图书的内容属性,为用户提供更加精准和个性化的推荐服务。同时,随着大数据和人工智能技术的发展,图书馆还可以探索更多的推荐方式和应用场景,如跨领域推荐、智能问答等,以满足用户多样化的阅读需求。

(四)混合推荐算法

混合推荐算法,顾名思义,就是结合多种推荐算法的优点,形成一个更加全面、高效的推荐系统。在图书馆的推荐系统中,混合推荐算法可以综合考虑用户的历史行为、图书的内容属性以及用户之间的相似性,从而为用户提供更加准确和个性化的推荐结果。这种算法不仅克服了单一推荐算法的局限性,还能更好地满足读者的个性化需求。

混合推荐算法可以利用协同过滤的原理,挖掘用户之间的相似性。通过对用户借阅记录、浏览记录等历史行为的分析,算法可以找出具有相似阅读兴趣和偏好的用户群体。根据这些相似用户的行为,为当前用户推荐可能感兴趣的图书。这种基于用户相似性的推荐方式,能够捕捉到用户之间的潜在联系,提高推荐的准确性。混合推荐算法还可以结合基于内容的推荐算法,根据图书的内容属性进行推荐。通过对图书的标题、作者、出版社、关键词等信息的分析,算法可以提取出图书的主题和特征。根据用户的阅读历史和偏好,为用户推荐与其兴趣相匹配的图书。这种基于内容的推荐方式,能够充分利用图书的元数据信息,为用户提供更加符合其需求的推荐结果。此外,混合推荐算法还可以根据具体的应用场景和需求,灵活调整各种推荐算法的权重和参数。例如,在特定主题或领域的图书推荐中,可以加大基于内容的推荐算法的权重,以突出图书的专业性和深度;而在面向广大读者的通用推荐中,则可以更加注重协同过滤算法的作用,以捕捉更广泛的用户兴趣和需求。在实际应用中,混合推荐算法可以通过多种技术手段实现。例如,可以利用机器学习算法对用户的历史行为进行建模和预测;可以利用自然语言处理技术对图书的内容进行深度分析和理解;还可以利用大数据处理技术对海量的用户行为和图书信息进行高效处理和存储。这些技术手段的应用,使得混合推荐算法在图书馆的推荐系统中得以有效实施。

混合推荐算法的应用不仅提高了图书馆的推荐准确性和个性化程度,还为图书馆带来了诸多益处。首先,通过精准的推荐服务,图书馆能够吸引更多的读者前来借阅和浏览,提高图书馆的知名度和影响力。其次,混合推荐算法能够帮助图书馆更好地了解读者的兴趣和需求,为图书馆的资源采购、分类和布局提供有益的参考。此外,通过不断优化和改进推荐算法,图书馆还能够提高服务质量,提升读者的满意度和忠诚度。然而,混合推荐算法的应用也面临着一些挑战和困难。例如,算法的设计和实现需要具备一定的技术实力和专业知识;算法的性能和效果也受到数据质量和数量的影响。因此,图书馆在应用混合推荐算法时,需要注重技术的积累和创新,不断提高算法的性能和准确性;同时,还需要加强数据的收集和管理,确保数据的准确性和完整性。

混合推荐算法作为图书馆推荐系统的一种创新方式,不仅能够克服单一推荐算法的局限性,还能更好地满足读者的个性化需求。通过综合考虑用户的历史行为、图书的内容属性以及用户之间的相似性,混合推荐算法能够为读者提供更加准确和个性化的推荐结果。随着技术的不断进步和应用场景的不断拓展,混合推荐算法将在图书馆的推荐系统中发挥越来越重要的作用,推动图书馆服务质量和效率的提升。

(五)持续优化与更新

除了传统的图书借阅服务外,图书馆还承担着为用户提供个性化推荐,帮助他们高效获取所需信息的重任。为实现这一目标,图书馆必须持续优化和更新其推荐算法,以确保其能够适应快速变化的用户需求以及日益丰富的图书资源。

推荐算法作为图书馆数字化服务的重要组成部分,其性能直接影响到用户的使用体验。因此,图书馆需要定期评估其推荐算法的性能,包括准确率、召回率、多样性等指标。这些评估结果能够为图书馆提供宝贵的反馈,帮助图书馆了解现有算法的不足之处,进而制定针对性的优化措施。针对评估结果,图书馆可以采取多种措施来优化其推荐算法。首先,调整算法参数是一种常见的优化手段。通过对参数进行微调,可以使算法更好地适应当前的数据分布和用户行为模式,从而提高推荐结果的准确性。其次,引入新的算法也是一种有效的优化方式。随着人工智能技术的不断发展,新的推荐算法不断涌现,如深度学习、强化学习等。图书馆可以根据自身需求和技术实力,选择适合的算法进行引入和融合,以进一步提升推荐效果。再次,图书馆还需要关注数据的质量和更新。图书元数据是推荐算法的基础,其准确性和完整性直接影响到推荐结果的准确性。因此,图书馆需要定期更新图书元数据,包括书名、作者、出版日期、内容摘要等信息,以确保推荐算法能够基于最新的数据生成推荐结果。最后,用户行为数据也是推荐算法的重要依据。图书馆需要收集并分析用户的借阅记录、浏览记录、搜索记录等数据,以了解用户的兴趣和需求,为推荐算法提供有力的支持。同时,为确保推荐结果的时效性和准确性,图书馆还需要建立定期更新机制,包括定期评估推荐算法的性能、更新图书元数据和用户行为数据等。通过定期更新和优化,图书馆可以确保推荐算法始终保持在最佳状态,为用户提供更加精准、个性化的推荐服务。

持续优化与更新推荐算法是图书馆提升数字化服务水平的重要途径。通过定期评估算法性能、调整参数、引入新算法以及更新数据等方式,图书馆可以不断提高推荐算法的准确性和时效性,为用户提供更加优质的个性化推荐服务。这将有助于图书馆在数字化时代保持其独特的价值和地位,更好地满足用户的需求和期望。

三、个性化推荐服务

(一)提升用户体验与满意度

为了更好地适应时代的发展,图书馆不断创新服务方式,其中个性化推荐服务成为提升用户体验与满意度的重要手段。通过深入分析和挖掘读者的借阅历史、浏览记录以及个人偏好,图书馆能够更精准地推送符合读者兴趣的新书上架信息、热门资源推荐等,从而在海量图书资源中帮助读者快速找到他们感兴趣的内容。

个性化推荐服务不仅提高了读者的阅读效率,还极大地丰富了他们的阅读体验。想象一下,当你走进图书馆,不再需要漫无目的地浏览书架,而是可以直接看到为你量身定制的推荐书单,这种贴心的服务无疑会让人倍感温暖。此外,个性化推荐还能够引导读者发现新的阅读领域,拓宽他们的知识视野,激发他们的阅读兴趣。在实施个性化推荐服务的过程中,图书馆需要充分利用大数据和人工智能技术。通过对读者的借阅数据、浏览记录进行深度挖掘,图书馆可以构建出每个读者的阅读画像,进而为他们提供个性化的推荐服务。同时,图书馆还可以根据读者的反馈不断调整和优化推荐算法,以确保推荐的准确性和有效性。

个性化推荐服务并非一蹴而就,它需要图书馆在多个方面做出努力。图书馆不仅需要建立完善的读者信息数据库,以便对读者的借阅历史、浏览记录等进行有效管理,还需要不断提升自身的技术水平,以便更好地应用大数据和人工智能技术。同时,图书馆也需要加强与读者的互动和沟通,了解他们的需求和反馈,以便不断完善和优化个性化推荐服务。随着个性化推荐服务的深入实施,图书馆将能够更好地满足读者的阅读需求,提升他们的阅读体验。这种服务也将有助于增强图书馆的品牌形象,吸引更多的读者前来借阅和学习。在这个过程中,图书馆不仅扮演了知识传播者的角色,还成了读者精神生活的贴心伙伴。

个性化推荐服务是图书馆提升用户体验与满意度的重要途径。通过充分利用大数据和人工智能技术,图书馆能够更精准地满足读者的阅读需求,提升他们的阅读体验。在未来,随着技术的不断进步和服务的不断完善,图书馆将继续发挥其在知识传播和文化传承中的重要作用,为更多的人带来智慧和启迪。

(二)优化图书资源配置

个性化推荐服务通过收集和分析读者的借阅数据、阅读偏好、反馈意见等信息,深入了解读者的阅读需求和兴趣特点。基于这些数据,图书馆可以精准地把握各类图书的受欢迎程度和需求趋势。这不仅有助于图书馆了解读者的阅读口味,还能为图书资源的配置提供有力的数据支持。

在优化图书资源配置方面,个性化推荐服务发挥着至关重要的作用。通过分析读者的借阅数据,图书馆可以清晰地了解哪些图书受到读者的热烈欢迎,哪些图书则鲜有人问津。据此,图书馆可以调整图书的采购策略,增加热门图书的库存量,确保读者能够随时借阅到心仪的图书。对于冷门图书,图书馆可以适当减少采购量,避免资源的浪费。个性化推荐服务还可以帮助图书馆优化图书的分类和布局。通过对读者的借阅数据进行分析,图书馆可以发现读者在不同时间段对不同类型图书的需求变化。例如,在学期初,学生可能对教材和辅导书的需求较大;而在假期期间,则可能更倾向于阅读文学、历史等类别的图书。根据这些需求变化,图书馆可以合理调整图书的分类和布局,使读者能够更加方便地找到自己感兴趣的图书。个性化推荐服务还能促进图书馆与读者之间的良性互动。通过收集读者的反馈意见,图书馆可以及时了解读者对图书资源的满意度和改进建议。这有助于图书馆不断改进服务质量,提升读者的阅读体验。同时,通过与读者的互动,图书馆还能更好地了解读者的阅读需求和兴趣变化,为优化图书资源配置提供更加精准的数据支持。

通过深入分析读者的借阅数据和反馈意见,图书馆可以精准地把握图书资源的受欢迎程度和需求趋势,从而制定更加科学合理的资源配置策略。这不仅有助于提高图书资源的利用率和效益,还能更好地满足读者的个性化需求,推动图书馆服务质量的不断提升。在未来的发展中,图书馆应继续探索和完善个性化推荐服务,为读者提供更加优质、便捷的阅读体验。

(三)促进图书资源的传播与推广

图书馆通过收集读者的借阅记录、浏览历史等信息,运用算法分析读者的阅读偏好和阅读习惯,从而为其推荐符合其兴趣的新书、热门资源等。这种服务方式不仅提高了图书馆服务的智能化水平,更使得图书资源能够更精准地触达目标读者群体。

通过个性化推荐服务,图书馆的新书上架信息能够更快速地传递给感兴趣的读者。每当有新的图书上架,图书馆便能够根据读者的阅读偏好,将相关信息推送给可能感兴趣的读者。这样,读者就能够及时了解到新书的动态,从而有更多的机会接触到新的知识和观点。同时,图书馆也能够通过推送新书信息,吸引更多读者前来借阅,进一步提高图书的利用率和传播效果。个性化推荐服务还能够促进图书馆热门资源的传播与推广。图书馆往往拥有大量的经典著作、热门畅销书等优质资源,但这些资源往往因为读者的信息不对称而未能得到充分的利用。通过个性化推荐服务,图书馆能够将这些热门资源推荐给可能感兴趣的读者,从而提高这些资源的曝光度和知名度。这样,不仅能够让更多的读者有机会接触到这些优质资源,还能够促进图书馆藏书的多样性和丰富性,进一步提升图书馆的社会影响力。

在传统的图书馆服务中,读者往往需要花费大量的时间和精力在书海中寻找自己感兴趣的图书。而个性化推荐服务则能够根据读者的兴趣偏好,为其推荐符合其口味的图书资源,从而节省了读者的时间和精力。同时,通过不断接收到符合自己兴趣的图书推荐,读者的阅读兴趣和热情也会得到进一步的激发和提升。这种服务方式不仅能够提升读者的阅读体验,还能够促进阅读文化的普及和发展。图书馆通过收集和分析读者的阅读数据,能够更深入地了解读者的阅读需求和习惯,从而为其提供更加精准的服务。读者也能够通过接收到的图书推荐,与图书馆进行更加频繁的互动和反馈。这种互动和交流不仅能够增强读者对图书馆的信任和依赖,还能够为图书馆提供更加丰富的服务改进和优化建议。

通过精准把握读者的阅读兴趣和需求,图书馆能够将新书上架信息、热门资源等及时推送给感兴趣的读者,提高这些资源的曝光度和知名度。同时,个性化推荐服务还能够激发读者的阅读兴趣和热情,促进阅读文化的普及和发展。因此,图书馆应该积极探索和应用个性化推荐服务,以更好地满足读者的阅读需求,推动图书资源的传播与推广。

(四)加强读者与图书馆的互动与联系

在传统的图书馆服务模式中,读者往往是被动的接受者,他们需要在浩如烟海的书籍中自行寻找所需的资源。而个性化推荐服务则通过智能算法,主动为读者推荐符合其兴趣爱好的图书和文献。这种服务模式不仅减轻了读者的搜索负担,还让他们感受到了图书馆的关心和用心。读者可以通过平台上的互动功能,如评论、打分、分享等,与图书馆进行实时交流,表达自己的想法和建议。这种双向的沟通机制,使得读者与图书馆之间的互动更加频繁和深入。图书馆通过收集和分析读者的阅读数据,可以更准确地了解读者的阅读需求和偏好。这些宝贵的数据不仅有助于图书馆优化推荐算法,提高推荐的精准度,还能够为图书馆制定更加符合读者需求的服务策略提供有力支持。同时,图书馆还可以通过个性化推荐服务,及时向读者推送最新的图书资讯、活动信息等内容,增强读者对图书馆的关注和参与度。这种紧密联系不仅有助于提升图书馆的知名度和影响力,还能够为图书馆吸引更多的读者和潜在用户。读者的反馈是图书馆改进服务、提升质量的重要依据。通过个性化推荐服务,图书馆可以收集到大量来自读者的真实反馈,这些反馈涵盖了读者对图书馆服务、资源、环境等方面的看法和建议。图书馆可以根据这些反馈,及时调整服务策略,优化资源配置,提升服务质量。此外,图书馆还可以通过分析读者的阅读数据和反馈信息,发现读者的阅读趋势和热点,为图书馆的藏书建设、活动策划等提供有力支持。

通过构建双向的沟通平台、促进紧密的联系以及收集宝贵的反馈意见,个性化推荐服务不仅提升了读者的阅读体验和满意度,还为图书馆的发展提供了有力的支持。未来,随着技术的不断进步和服务的不断完善,个性化推荐服务将在图书馆服务中发挥更加重要的作用,为读者提供更加优质、便捷的服务体验。

四、推荐效果评估

(一)收集用户反馈

用户反馈的收集方式多种多样。图书馆可以设计一份详尽的用户调查问卷,针对推荐服务的各个方面进行细致的调查。问卷可以包括用户对推荐结果的满意度、推荐内容的相关性、推荐频率的合理性等方面的问题,以便全面了解用户对推荐服务的评价。同时,为了确保问卷的有效性和可靠性,图书馆还需要对问卷进行科学的设计和合理的发放,确保覆盖到不同年龄段、不同阅读需求的读者群体。除了问卷调查外,图书馆还可以建立在线评价系统,方便用户随时随地对推荐服务进行评价。在线评价系统可以设置为匿名或实名评价,让读者能够自由表达自己的意见和建议。同时,图书馆还可以根据评价内容进行统计和分析,找出推荐服务中的问题和不足,为后续的优化工作提供数据支持。举办用户座谈会也是收集用户反馈的有效途径。通过面对面的交流,图书馆可以更直接地了解读者的需求和期望,收集到更具体、更深入的反馈。在座谈会上,图书馆可以邀请不同领域的专家和读者代表,共同探讨推荐服务的改进方向和优化策略。这种形式的反馈收集不仅有助于提升推荐服务的质量,还能增强图书馆与读者之间的互动和信任。

在收集到用户反馈后,图书馆需要对这些反馈进行认真的分析和处理。首先,要对反馈内容进行分类和整理,找出共性和个性的问题。其次,要针对这些问题进行深入地分析和研究,找出问题产生的原因和解决方案。最后,要将这些反馈和建议融入推荐算法的优化中,使推荐系统更加符合读者的需求和期望。通过收集用户反馈,图书馆可以不断优化推荐算法,提升推荐服务的质量和效果。同时,这也有助于增强读者对图书馆的信任度和满意度,提高图书馆的知名度和影响力。因此,图书馆应该高度重视用户反馈的收集和处理工作,将其作为提升推荐服务水平的重要手段之一。

(二)分析点击率数据

点击率作为衡量用户兴趣的一项重要指标,在图书馆的信息推荐系统中扮演着至关重要的角色。通过深入剖析用户点击推荐结果的频率和分布,图书馆可以洞悉用户的阅读偏好和需求,从而为用户提供更加精准和个性化的服务。

分析点击率数据有助于图书馆识别出哪些类型的书籍或资源更受用户欢迎,包括但不限于文学类、科普类、历史类、艺术类等。通过对这些数据的挖掘,图书馆可以了解到用户的阅读口味和趋势,进而调整藏书结构,增加受欢迎书籍的库存,减少冷门书籍的采购,从而提高馆藏资源的利用率和用户满意度。点击率数据还可以帮助图书馆评估不同推荐策略的有效性。图书馆可以采用多种推荐算法,如基于内容的推荐、协同过滤推荐等,通过对比不同策略下的点击率表现,可以发现哪些策略更能吸引用户的注意力,哪些策略需要进一步优化。这样,图书馆就可以根据数据分析结果调整推荐策略，提高推荐内容的准确性和针对性。基于点击率数据的分析结果，图书馆还可以对推荐算法进行持续改进和优化。通过对算法参数的调整、特征工程的优化以及模型训练的提升，可以不断提高推荐系统的性能，使其更加符合用户的阅读习惯和兴趣偏好。同时，图书馆还可以结合其他数据源，如用户行为数据、评分数据等，构建更加全面和精准的用户画像，为个性化推荐提供更加有力的支持。

通过深入挖掘这些数据背后的信息，图书馆可以不断优化自身的信息服务水平，提升用户体验和满意度，从而更好地满足广大读者的阅读需求。

（三）评估借阅率变化

借阅率是衡量推荐效果的重要指标之一。通过对比使用推荐系统前后的借阅率数据，可以直观地看到推荐系统对图书馆借阅量的影响。如果借阅率有所提升，说明推荐系统在一定程度上满足了用户的需求，提高了资源利用率。反之，则需要进一步分析原因，优化推荐算法。

近年来，随着信息技术的迅猛发展，推荐系统作为人工智能领域的一项重要应用，被越来越多的图书馆引入并应用于日常运营中。通过对比使用推荐系统前后的借阅率数据，可以全面、深入地评估推荐系统对图书馆借阅率的影响，从而进一步优化推荐算法，提升图书馆的服务水平。在使用推荐系统之前，图书馆的借阅率往往受到多种因素的影响，如馆藏资源的丰富程度、读者的阅读习惯、图书馆的地理位置等。这些因素往往难以量化，且难以通过简单的调整来提升借阅率。而推荐系统的引入，则为图书馆提供了一个全新的解决方案。推荐系统通过收集和分析读者的借阅历史、浏览记录等信息，可以精准地把握读者的阅读偏好和需求，进而为其推荐合适的图书资源。这种个性化的推荐方式，不仅提高了图书馆的服务效率，更在一定程度上满足了读者的个性化需求，从而提升了借阅率。然而，并非所有的借阅率提升都可以完全归功于推荐系统。在实际运营中，可能还存在其他因素的影响，如图书馆的宣传推广、读者的阅读需求变化等。因此，在评估推荐系统对借阅率的影响时，需要结合多种因素进行综合分析。此外，即使推荐系统在一定程度上提升了借阅率，也需要关注其可能存在的问题和不足。例如，推荐算法的准确性、推荐结果的多样性等方面，都需要进行持续的优化和改进。

（四）对比不同推荐算法的效果

图书馆可以尝试多种不同的推荐算法，例如，基于内容的推荐、协同过滤推荐和混合推荐等。通过对比不同算法的准确率、召回率和覆盖率等指标，可以选择最适合本馆实际情况的推荐算法，并不断优化其性能。

首先，基于内容的推荐算法的核心思想是根据图书的内容特征和用户的兴趣偏好进行匹配。具体而言，它会分析图书的元数据（如标题、作者、关键词等）以及用户的阅读历史和行为数据，提取出用户和图书之间的相似度。然后，基于这些相似度，算法会为用户推荐与其过去阅读内容相似的图书。这种算法的优点在于能够充分利用图书的内容信息，为用户提供与兴趣相关的推荐。然而，它也存在一些局限性，比如对于新用户或阅读历史较少的用户，由于缺乏足够的数据，可能难以得到准确的推荐结果。其次，协同过滤推荐算法主要基于用户的行为数据，通过分析用户之间的相似性来产生推荐。具体来说，它会计算用户之间的相似度，找到与目标用户兴趣相似的其他用户，然后基于这些相似用户的阅读历史和喜好，为目标用户推荐图书。协同过滤算法的优点在于能够发现用户的潜在兴趣，并且对于新用户也能产生较好的推荐效果。但是,它也有一些缺点,比如对数据的稀疏性和冷启动问题较为敏感,以及在处理大规模数据集时可能面临性能瓶颈。最后,混合推荐算法则是结合了基于内容的推荐和协同过滤推荐的特点,旨在充分利用两种算法的优势,提高推荐的准确性和多样性。混合推荐算法可以采用多种方式来实现,比如将两种算法的结果进行加权融合,或者根据特定场景和条件选择使用不同的推荐算法。这种算法能够综合考虑图书的内容特征和用户的兴趣偏好,从而为用户提供更加全面和精准地推荐。然而,混合推荐算法的实现相对复杂,需要投入更多的研发资源和精力。

为了对比不同推荐算法的效果,可以采用准确率、召回率和覆盖率等指标进行评估。准确率是指推荐列表中用户真正感兴趣的图书所占的比例,召回率是指用户真正感兴趣的图书在推荐列表中被找到的比例,而覆盖率则反映了推荐算法能够覆盖到的图书资源的广度。通过对比这些指标,可以了解不同算法在推荐效果上的差异。在图书馆的实际应用中,可以根据自身的特点和需求选择适合的推荐算法。例如,如果图书馆拥有丰富的图书资源和详细的元数据,那么基于内容的推荐算法可能是一个不错的选择;如果图书馆注重用户的个性化需求,并且拥有大量的用户行为数据,那么协同过滤推荐算法可能更适合;如果图书馆希望结合两者的优势,提供更全面、精准的推荐,那么混合推荐算法可能是一个理想的选择。不同的推荐算法在图书馆中各有优劣,需要根据实际情况选择最适合的算法,并不断优化其性能。通过对比不同算法的准确率、召回率和覆盖率等指标,可以更好地了解它们的效果,为图书馆的个性化推荐服务提供有力支持。在未来的发展中,随着技术的不断进步和数据的不断积累,相信图书馆的推荐算法将会更加精准、智能,为用户提供更加优质的服务体验。

(五)持续优化与改进

推荐效果评估是一个不断深化、持续进化的过程,它要求图书馆不仅仅停留在一次性的评估工作上,而是需要定期回顾、细致分析评估结果,并基于这些反馈来针对性地优化和改进推荐系统。这一过程的目的是确保推荐服务能够紧密贴合用户的需求,提供更为精准、个性化的内容推荐,从而提升用户的满意度和黏性。

图书馆需要建立一套完善的评估机制,定期对推荐效果进行全面评估,包括对推荐系统的整体性能、推荐内容的准确性、推荐结果的多样性以及用户满意度等多个维度进行考量。评估数据可以来源于用户反馈、系统日志、点击率等多种渠道,确保评估结果的全面性和客观性。在获得评估结果后,图书馆需要对这些数据进行深入地分析和解读。通过分析用户的行为数据,可以了解用户的阅读习惯、兴趣偏好以及信息需求,进而为优化推荐算法提供有力的支持。同时,通过对用户反馈的梳理,可以发现推荐系统存在的问题和不足,如推荐内容不相关、推荐结果重复等,为改进工作提供明确的方向。针对评估结果中反映出的问题和不足,图书馆需要制定相应的改进措施。一方面,可以调整推荐内容的展示方式,如优化界面设计、增加内容分类和标签等,提升用户的使用体验。另一方面,可以优化推荐结果的排序规则,如引入时间因素、用户行为权重等,提高推荐结果的准确性和个性化程度。此外,还可以尝试引入新的推荐算法或模型,进一步提升推荐系统的智能化水平。

除了对推荐系统进行优化和改进外,图书馆还应关注新技术和新方法的发展动态。随着人工智能、大数据等技术的不断进步,推荐系统的性能和应用范围也在不断扩展。图书馆应密切关注这些技术的发展趋势,及时将其应用于推荐系统中,以提升推荐效果。例如,可以利用深度学习技术来改进推荐算法,提高推荐的精准度和个性化程度;也可以利用自然语言处理技术来分析用户的评论和反馈,更好地理解用户的需求和偏好。图书馆还应加强与用户的互动和沟通,及时获取用户的反馈和建议。通过设立用户反馈渠道、开展用户调查等方式,可以深入了解用户对推荐服务的满意度和期望,为改进工作提供宝贵的参考意见。同时,图书馆还可以通过举办用户交流会、分享会等活动,增强用户与图书馆之间的互动和联系,提升用户对图书馆的认同感和归属感。

推荐效果评估是一个持续优化的过程。图书馆应不断完善评估机制、深入分析评估结果、制定改进措施并关注新技术的发展动态,以不断提升推荐服务的质量和水平。通过持续改进和优化,图书馆可以更好地满足用户的需求和期望,提升用户的满意度和忠诚度,为图书馆的长期发展奠定坚实的基础。

五、隐私保护

(一)数据收集最小化原则

数据收集最小化原则,是图书馆在信息化、数字化进程中所应恪守的重要原则。这一原则强调,在为用户提供推荐服务的过程中,图书馆应当严格限制所收集数据的类型和范围,确保所收集的数据仅限于实现推荐功能所必需的最低限度。这既是对用户隐私权的尊重和保护,也是图书馆在数据管理和信息安全方面应尽的责任。

推荐系统作为图书馆提供个性化服务的重要手段,能够根据用户的阅读习惯、兴趣偏好等信息,为用户推荐适合的图书、文章等资源。然而,这一服务的实现离不开对用户数据的收集和分析。如何在收集用户数据的同时,确保用户隐私不被侵犯,成为图书馆在推进数字化进程中必须面对的重要问题。数据收集最小化原则要求图书馆在收集用户数据时,必须明确数据的收集目的和使用范围。图书馆应当清晰地告知用户,所收集的数据将仅用于推荐功能的实现,并不会用于其他目的。同时,图书馆还应避免收集与推荐服务无关的敏感信息,如用户的身份信息、家庭住址等。这些信息不仅与推荐服务的实现无关,而且一旦泄露或被滥用,可能给用户带来严重的隐私风险和安全隐患。在实际操作中,图书馆可以通过技术手段和管理措施来实现数据收集的最小化。例如,图书馆可以采用匿名化处理技术,对用户数据进行脱敏处理,使数据无法直接关联到具体的个人。另外,图书馆还可以设置严格的数据访问权限和审计机制,确保只有经过授权的人员才能访问和处理用户数据。这些措施可以有效地降低数据泄露和滥用的风险,保护用户的隐私权益。

数据收集最小化原则并不是要完全禁止图书馆收集用户数据。相反,在遵守法律法规和尊重用户隐私的前提下,适当收集和分析用户数据,有助于图书馆更好地了解用户需求和行为习惯,从而提供更加精准和个性化的推荐服务。但是,这种收集和分析必须在用户明确知情和同意的基础上进行,并且应当严格控制在实现推荐功能所必需的范围内。

(二)数据加密与安全存储

在现代社会中,随着信息技术的飞速发展,图书馆作为知识传播和学术交流的重要场所,承载着大量的用户数据。这些数据包括用户的借阅记录、个人信息、浏览行为等,是图书馆进行服务优化、资源调配以及学术研究的重要依据。然而,随着网络攻击和数据泄露事件的频发,如何确保这些用户数据的安全性和隐私性,已成为图书馆面临的重要挑战。因此,数据加密与安全存储显得尤为重要。

图书馆在收集用户数据时,应遵循相关的法律法规和隐私政策,明确告知用户数据收集的目的、范围和使用方式,并获得用户的明确同意。在此基础上,图书馆应采用先进的数据加密技术,对收集到的用户数据进行加密处理。通过加密,可以将原始数据转化为一种无法直接读取的密文形式,只有拥有相应解密密钥的人员才能解密并访问这些数据。这种加密处理能够有效防止数据在传输和存储过程中被非法截取或篡改,确保数据的完整性和真实性。在数据加密的过程中,图书馆应选择适合自身需求的加密算法和密钥管理方案。加密算法是数据加密的核心,它决定了数据的安全性和加密效率。图书馆可以选择如 AES、RSA 等成熟的加密算法,这些算法经过严格的数学验证和广泛应用,具有较高的安全性和稳定性。同时,密钥管理是数据加密的另一个重要环节,它涉及密钥的生成、存储、分发和销毁等过程。图书馆应建立严格的密钥管理制度,确保密钥的安全性和保密性,防止密钥被泄露或滥用。

图书馆应使用安全的存储设备和措施来进一步保障数据的安全性。首先,图书馆应选用经过认证的高性能存储设备,这些设备通常具有更高的稳定性和安全性,能够抵御物理损坏和恶意攻击。其次,图书馆应建立严格的数据访问控制机制,限制只有授权人员才能访问存储设备中的数据。这可以通过设置访问密码、使用身份验证技术等手段来实现。此外,图书馆还应定期进行数据备份和恢复演练,以应对可能发生的数据丢失或损坏情况。为了防止数据被非法访问或泄露,图书馆还应加强网络安全防护。首先,图书馆应部署防火墙、入侵检测系统等网络安全设备,以拦截和阻止来自外部网络的恶意攻击。其次,图书馆应定期进行安全漏洞扫描和风险评估,及时发现并修复潜在的安全隐患。最后,图书馆还应加强员工的安全意识培训,提高员工对数据安全和隐私保护的认识和重视程度。

通过采用先进的数据加密技术、安全的存储设备和措施以及加强网络安全防护,图书馆能够确保用户数据在传输和存储过程中的安全性,有效防止数据被非法访问或泄露。同时,图书馆还应不断关注新技术和新方法的发展,及时更新和优化自身的数据安全防护体系,以应对不断变化的网络安全威胁和挑战。

(三)用户权限管理与控制

用户权限管理制度的建立需要明确各项权限的划分与界定。图书馆的用户群体广泛,包括读者、管理员、教师、学生等,他们的需求和访问权限各不相同。图书馆应根据不同用户的角色和职责,合理划分权限范围,确保每个用户只能访问其所需的信息和资源。同时,图书馆还应制定明确的权限申请和审批流程,确保用户权限的授予和变更都经过严格的审核和批准。

用户权限管理与控制需要借助先进的技术手段来实现。图书馆应建立完善的用户认证系统,对用户进行身份验证和权限校验。通过采用先进的加密技术和安全协议,确保用户数据的传输和存储安全。图书馆可以利用大数据分析等技术手段,对用户的行为进行监控和分析,及时发现并处理异常访问和违规行为。图书馆需加强对用户权限的审查和监管。定期对用户权限进行审查和更新,确保权限设置与实际情况相符,避免权限过期或滥用的情况发生。同时,图书馆还应建立完善的日志记录机制,记录用户的访问行为和操作记录,以便在出现问题时进行追溯和调查。在图书馆的用户权限管理与控制中,还应注重与用户的沟通和合作。图书馆应积极向用户宣传用户权限管理制度的重要性和必要性,引导用户正确使用图书馆资源和服务。另外,图书馆应建立用户反馈机制,及时收集和处理用户的意见和建议,不断改进和优化用户权限管理制度。

通过建立科学、合理的用户权限管理制度,借助先进的技术手段和加强审查监管,图书馆可以确保用户数据的安全与保密,提升服务质量与效率,为广大用户提供更好的阅读和学习体验。同时,图书馆还应不断适应新的技术发展和管理需求,持续优化和完善用户权限管理制度,以应对日益复杂的用户环境和挑战。

(四)隐私政策与用户告知

首先,图书馆应明确告知用户,在使用图书馆服务的过程中,会涉及哪些个人信息的收集和使用。这些信息包括但不限于用户的身份信息、借阅记录、浏览历史、搜索记录等。在收集这些信息时,图书馆应遵循合法、正当、必要的原则,确保只收集与服务提供直接相关的数据,并尽可能减少不必要的信息收集。同时,图书馆还应明确告知用户,这些信息的收集和使用是为了提供更个性化、更精准的服务,如推荐合适的图书、提供定制化的阅读建议等。其次,图书馆应明确告知用户,如何保护用户数据的安全和隐私。图书馆应采取一系列技术和管理措施,确保用户数据不被非法获取、泄露、滥用或篡改。这包括但不限于使用加密技术对用户数据进行保护,定期对数据进行备份和恢复,以及建立严格的内部管理制度,防止内部人员滥用用户数据。此外,图书馆还应建立用户数据泄露应急响应机制,一旦发生数据泄露事件,能够迅速采取措施进行处置,最大程度地减少损失和影响。

在推荐服务开始前,图书馆应通过用户协议或弹窗提示等方式,确保用户了解并同意隐私政策。用户协议应详细阐述隐私政策的内容,包括数据的收集、使用、保护以及用户权利等,并以通俗易懂的语言进行表述,避免使用过于专业或晦涩的术语。弹窗提示则应在用户首次使用推荐服务时弹出,明确告知用户隐私政策的存在和重要性,并引导用户阅读并同意隐私政策。图书馆应提供便捷的渠道供用户查询和了解隐私政策,如设置专门的隐私政策页面或在用户服务中心提供相关政策文档。在隐私政策的制定和执行过程中,图书馆应注重与用户的沟通和互动。图书馆可以通过问卷调查、用户反馈等方式,了解用户对隐私政策的看法和建议,以便不断优化和完善隐私政策。同时,图书馆还应积极响应和处理用户的投诉和举报,对违反隐私政策的行为进行严肃处理,并公开处理结果,以维护用户的权益和信任。随着技术的发展和法律法规的变化,图书馆应密切关注相关法律法规的变化和行业动态,及时对隐私政策进行修订和完善,以确保其合法性和有效性。同时,图书馆还应加强对隐私政策的宣传和推广,提高用户对隐私政策的认知度和重视程度。

制定清晰明确的隐私政策是图书馆保障用户权益、提升服务质量、维护声誉的重要举措。图书馆应遵循合法、正当、必要的原则,采取一系列技术和管理措施保护用户数据的安全和隐私,并通过用户协议、弹窗提示等方式确保用户了解并同意隐私政策。同时,图书馆还应加强与用户的沟通和互动,及时处理用户的投诉和举报,不断优化和完善隐私政策,以适应不断变化的技术和法律环境。

（五）定期审计与持续改进

要认识到定期审计对于隐私保护工作的重要性。通过定期审计，能够全面、系统地检查图书馆的各项隐私保护措施是否得到有效执行，是否存在潜在的安全隐患。因此，制定详细的审计计划，明确审计的目标、范围、方法和频率，确保审计工作的全面性和有效性。同时，还需建立专业的审计团队，由具备丰富经验和专业技能的人员组成，负责执行审计任务并出具审计报告。

在审计过程中，注重从多个角度、多个层面进行细致入微的检查。要对图书馆的隐私保护政策、规章制度进行全面梳理，查看是否存在漏洞或不足之处；对图书馆的信息系统进行安全检测，查看是否存在安全漏洞或风险点；通过用户调查、访谈等方式，了解用户对图书馆隐私保护工作的满意度和意见建议。通过这些措施，能够全面了解图书馆的隐私保护工作状况，及时发现并修复潜在的安全隐患。

除了定期审计外，还需注重根据审计结果和用户反馈进行持续改进。认真分析审计报告中的问题和建议，制定相应的改进措施和计划，并明确责任人和完成时间。积极采纳用户的意见建议，不断优化隐私保护策略和技术手段。例如，根据用户需求和技术发展趋势，不断完善图书馆的隐私保护政策，确保政策的时效性和适用性；加强信息系统的安全防护，采用更加先进的技术手段，提高系统的安全性和稳定性；加强用户隐私保护教育，提高用户的隐私保护意识和能力。

第五章　大数据分析在图书馆用户行为研究中的应用

第一节　图书馆用户行为数据的收集与分析

一、数据来源的确定

(一)途径多样化,覆盖全面

在图书馆运营与管理的实践中,深知数据收集的重要性。一个全面而深入的数据收集工作,不仅能够提供宝贵的用户行为信息,还能够揭示出服务中的潜在问题,为图书馆的优化与发展提供有力支持。因此,始终坚持通过多种途径来收集数据,确保数据的来源具有广泛的覆盖性。

图书馆系统日志是获取数据的重要途径之一。这些日志详细记录了用户在使用图书馆系统时的各种行为,包括借阅记录、搜索历史、访问时长等。通过对这些日志的深入分析,可以了解到用户的阅读习惯、偏好以及需求。例如,可以分析借阅记录,了解哪些书籍最受用户欢迎,哪些书籍的借阅率较低;还可以分析搜索历史,了解用户对于特定主题或领域的关注度。这些信息不仅有助于优化馆藏结构,提高资源的利用效率,还能够为制定更有针对性的服务策略提供依据。除了图书馆系统日志外,用户调查和用户反馈也是获取数据的重要方式。通过设计合理的问卷和访谈,可以直接获取到用户对图书馆服务的意见和建议。这些反馈往往能够揭示出服务中的不足和问题,为改进提供方向。例如,可以询问用户对图书馆环境的满意度、对馆员的服务态度的评价等。同时,还可以设置开放性问题,鼓励用户提出自己的建议和想法。

这些反馈不仅有助于改进服务质量，还能够增强用户的参与感和归属感。除了上述两种途径外，还可以通过其他方式来收集数据。例如，可以与图书馆合作的其他机构或企业进行数据共享，获取更广泛的信息；还可以利用社交媒体等网络平台，收集用户对图书馆的评价和反馈。这些途径都能够提供更丰富的数据来源，更全面地了解用户的需求和期望。

在收集数据的过程中，还需要注意数据的准确性和可靠性。对于图书馆系统日志，需要定期对其进行清理和整理，确保数据的完整性和准确性；对于用户调查和用户反馈，需要设计合理的问卷和访谈提纲，确保问题具有针对性和有效性。同时，还需要对数据进行适当的处理和分析，以提取出有价值的信息和结论。

（二）特点分析，精准定位

在数据分析的过程中，精准定位所需的数据是至关重要的。不同来源的数据各具特色，既有其独特的优势，也可能存在一些局限性。因此，深入理解各种数据的特点，并根据实际需求进行精准选择，是确保数据分析结果准确可靠的关键。

图书馆系统日志作为一种重要的数据来源，具有客观性强的显著特点。系统日志详细记录了图书馆用户的实际行为，包括借阅记录、查询历史、访问时间等，这些数据都是用户在使用图书馆服务过程中自然产生的，不受到任何主观因素的干扰。这种客观性使得系统日志成为分析用户行为、优化服务流程的重要依据。通过分析系统日志，可以揭示出用户的使用习惯、兴趣偏好以及服务需求，为图书馆的管理和决策提供有力支持。用户调查和用户反馈是另一种重要的数据来源，它们具有主观性强的特点。与用户行为日志不同，用户调查和用户反馈更多地反映了用户的真实感受和需求。通过问卷调查、访谈等形式，可以直接获取用户对图书馆服务的评价、建议和期望。这些主观性数据对于了解用户满意度、发现服务中的不足以及改进服务质量具有重要意义。同时，用户反馈还可以为图书馆的创新发展提供灵感和方向。除了系统日志和用户调查外，还有其他多种数据来源可以辅助进行精准定位。例如，社交媒体平台上的用户评论和讨论可以反映用户对图书馆服务的看法和意见；公开出版的行业报告和统计数据可以提供宏观层面的市场分析和趋势预测；学术文献则可以提供理论支持和经验借鉴。这些数据来源各具特色，可以相互补充，共同构建一个全面、立体的数据体系。

在精准定位所需数据的过程中，还需要注意以下几点。首先，要明确研究目的和需求，确保所选择的数据来源能够与研究主题紧密相连。其次，要对数据进行清洗和预处理，消除重复、错误或无效的数据，以提高数据分析的准确性和可靠性。再次，还需要采用合适的数据挖掘和分析方法，从海量数据中提取出有价值的信息和规律。最后，要对分析结果进行解释和呈现，确保结果易于理解和应用。

（三）确保数据的准确性和完整性

在信息爆炸的时代，图书馆面临着海量的数据和信息，如何确保这些数据的准确性和完整性，为读者提供高质量的服务，是图书馆必须面对的重要问题。

为了确保数据的准确性，图书馆需要对收集到的数据进行严格的筛选和验证。在收集数据时，图书馆需要遵循一定的标准和规范，确保数据来源的可靠性和权威性。同时，图书馆还需要对数据进行细致的核查和比对，去除重复、错误或无效的数据，包括对数据进行逐条检查，核对数据之间的逻辑关系，以及利用技术手段对数据进行自动化校验等。此外，图书馆还可以建立数据质量检查机制,定期对数据进行质量评估,及时发现问题并进行纠正。为了确保数据的完整性,图书馆需要确保所收集的数据能够全面反映研究对象的特征和规律。在图书馆中,数据可能涉及图书的借阅记录、读者的使用习惯、馆藏资源的分布情况等多个方面,图书馆需要制定全面的数据收集计划,确保能够覆盖所有需要关注的数据点。同时,图书馆还需要对数据进行整合和关联,形成完整的数据集,以便更好地进行数据挖掘和分析。此外,图书馆还需要建立数据备份和恢复机制,防止数据丢失或损坏,确保数据的长期保存和可利用性。除了对数据进行严格的筛选、验证和整合外,图书馆还需要加强数据管理和维护的能力,包括建立规范的数据管理制度,明确数据管理的职责和流程;加强数据安全意识,防止数据泄露或被篡改;提高数据处理和分析能力,以便更好地利用数据进行决策和优化服务。

图书馆还可以利用先进的技术手段来提高数据的准确性和完整性。例如,可以利用自然语言处理技术对文本数据进行自动化处理和分析;利用大数据和人工智能技术对海量数据进行挖掘和预测;利用区块链技术对数据进行去中心化存储和验证等。这些技术的应用不仅可以提高数据处理的效率和质量,还可以为图书馆提供更多创新和个性化的服务方式。

二、数据类型的识别

(一) 数据类型识别

1. 借阅记录

借阅记录是解码用户阅读兴趣和借阅习惯的金钥匙。每一条记录都详细记载了用户借阅的图书 ISBN、类型(如文学、科技、历史等)、借阅日期、归还日期以及借阅频次等信息。例如,通过分析某用户的借阅历史,发现其频繁借阅科幻类小说,特别是刘慈欣的作品,这表明该用户对此类题材有浓厚兴趣。基于此,图书馆可利用智能推荐系统,如基于内容的推荐算法,向其推送更多科幻小说新刊或经典作品,实现个性化服务,增强用户体验。借阅记录的数据分析为图书馆优化藏书结构提供了科学依据。通过统计各类图书的借阅频率、流通速度及用户满意度等指标,图书馆能够识别出"热门"与"冷门"图书。例如,若数据分析显示经济学类图书借阅量持续攀升,而部分哲学类书籍则鲜有人问津,图书馆便可据此调整采购策略,增加经济学新书采购,同时减少或替换低流通率的哲学书籍,以此优化藏书结构,提高图书资源的有效利用率。借阅记录还是图书馆发现并解决服务短板的重要线索。通过数据分析,图书馆可以监测到借阅流程中的瓶颈,如某时段借还书高峰期的等待时间过长,或特定类别图书的查找难度较大。针对这些问题,图书馆可采取措施,如引入自助借还书机、优化书架布局、采用色彩编码系统等,以减少用户等待时间,提升查找效率。此外,结合用户借阅记录,图书馆还能策划更加贴近用户需求的读者活动,例如基于大数据分析举办"最受欢迎科幻小说分享会",增强用户参与感,提升图书馆品牌形象。借阅记录的数据分析还蕴含着巨大的商业价值。图书馆可与出版商合作,共享借阅数据分析结果,帮助出版商精准定位市场需求,指导新书策划与营销。同时,基于用户借阅行为的聚类分析,图书馆能识别不同用户群体,为定向推广、定制服务提供数据支持,探索图书馆服务的多元化商业模式。

2. 浏览记录

浏览记录作为用户行为数据的一种,对于图书馆而言具有极大的价值。通过对浏览记录的深入分析和挖掘，图书馆可以更加准确地把握用户的阅读需求、兴趣偏好以及行为模式，从而为读者提供更加精准、个性化的服务。

首先，浏览记录能够揭示用户的潜在阅读需求。当用户在图书馆网站或电子资源平台上浏览图书、期刊、文章等资源时，他们的浏览行为往往受到自身知识背景、兴趣爱好以及当前需求的影响。因此，通过分析浏览记录，图书馆可以了解到用户对于某一领域或主题的关注度，进而推断出他们的潜在阅读需求。例如，如果某一用户频繁浏览与计算机科学相关的图书和文章，那么图书馆可以推测该用户对于计算机科学领域有着浓厚的兴趣，从而向其推荐相关领域的优质资源。其次，浏览记录能够反映用户的兴趣偏好。用户的浏览行为往往受到个人兴趣的影响，他们在浏览过程中会倾向于选择自己感兴趣的主题和内容。因此，通过分析浏览记录，图书馆可以了解到用户的兴趣偏好，进而为其提供更加符合个人喜好的推荐服务。例如，对于喜欢文学作品的用户，图书馆可以根据其浏览记录推荐一些与其阅读兴趣相符的小说或散文；对于关注科技发展的用户，图书馆则可以推荐一些最新的科技动态和研究成果。再次，浏览记录能够揭示用户的行为模式。通过对浏览记录的分析，图书馆可以了解到用户在何时何地、通过何种方式访问图书馆网站或电子资源平台，以及他们在浏览过程中的行为特点。这些信息有助于图书馆优化服务流程、提高服务质量。例如，如果图书馆发现用户在晚上和周末的访问量较大，那么可以考虑增加这些时段的服务器资源投入，以确保用户能够顺畅地访问和使用图书馆的资源；如果图书馆发现用户在浏览过程中经常进行关键词搜索，那么可以优化搜索功能，提高搜索的准确性和效率。最后，浏览记录可以为图书馆的资源建设提供指导。通过分析用户的浏览记录，图书馆可以了解到哪些领域的资源受到用户的广泛关注，哪些资源的利用率较高，从而有针对性地加强相关领域的资源建设。例如，如果图书馆发现用户对某一新兴领域的关注度较高，那么可以积极引进该领域的优质图书、期刊和电子资源，以满足用户的阅读需求。

在利用浏览记录为用户提供个性化服务的同时，图书馆还需要注意保护用户的隐私和数据安全。用户的浏览记录属于个人隐私范畴，图书馆在收集和使用这些数据时必须遵守相关法律法规和道德规范，确保用户信息不被滥用或泄露。此外，图书馆还应采取必要的技术手段和管理措施，保障用户数据的安全性和完整性。在未来，随着大数据技术的不断发展和应用，浏览记录的价值将得到进一步挖掘和利用，为图书馆的数字化服务注入更多新的活力。

3.搜索记录

在数字化时代，图书馆查询系统已成为用户获取信息的重要途径。随着大数据技术的不断发展和应用，搜索记录作为用户搜索行为的直接体现，逐渐展现出其在信息分析、系统优化和个性化服务方面的巨大潜力。

首先，搜索记录能够直观地反映用户的信息需求。通过分析用户在查询系统中输入的关键词，可以了解用户在某一时间段内对某一领域的关注度、兴趣点以及信息需求的变化趋势。例如，当用户频繁搜索某一领域的专业术语或最新研究成果时，可能表明该领域正受到用户的广泛关注，图书馆可据此调整资源布局，加大相关领域的资源投入。其次，搜索记录还可以揭示用户的信息获取习惯，如用户更喜欢使用哪些关键词进行搜索、更倾向于浏览哪些类型的资源等，这些信息有助于图书馆为用户提供更加精准的服务。再次，搜索记录对于优化图书馆的检索系统具有重要意义。通过分析用户的搜索行为,可以发现检索系统中存在的问题和不足,如关键词匹配不准确、搜索结果排序不合理等。针对这些问题,图书馆可以对检索算法进行优化,提高检索效率和准确性。同时,图书馆还可以根据用户的搜索习惯和需求,调整检索界面的设计和功能布局,使其更加符合用户的操作习惯和审美需求。这不仅可以提升用户的使用体验,还能进一步促进用户与图书馆之间的互动和合作。最后,搜索记录还为图书馆提供个性化推荐服务提供了可能。通过分析用户的搜索历史和点击行为,图书馆可以了解用户的兴趣爱好,进而为用户提供个性化的资源推荐。例如,当用户搜索某一领域的主题时,图书馆可以根据用户的搜索历史和点击行为,为用户推荐相关的书籍、期刊、论文等资源,帮助用户快速找到所需信息。这种个性化推荐服务不仅可以提高用户的满意度和忠诚度,还能促进图书馆资源的有效利用和共享。

在利用搜索记录进行信息分析和系统优化的过程中,也需要注意保护用户的隐私和权益。图书馆应严格遵守相关法律法规,确保用户的搜索记录不被非法获取和滥用。同时,图书馆还应加强用户隐私保护意识的教育和培训,提高用户对自身隐私保护的重视程度。此外,图书馆还可以采取技术手段,如数据加密、匿名化处理等,确保用户的搜索记录得到妥善保管和合理使用。

搜索记录作为用户搜索行为的直接体现,在图书馆信息分析、系统优化和个性化服务方面发挥着重要作用。通过深入挖掘和利用这些数据,图书馆可以更好地了解用户需求,提升服务质量,实现资源的有效利用和共享。同时,也应关注用户隐私保护问题,确保用户的权益得到充分保障。

(二)数据详细程度与相关性分析

1. 详细程度

在数字化时代的图书馆中,用户行为数据成了重要的信息资源,其中借阅记录、浏览记录和搜索记录更是关键的组成部分。这些记录不仅记录了用户的阅读偏好和信息需求,也为图书馆提供了宝贵的用户行为分析数据,有助于优化图书资源和服务质量。

借阅记录是图书馆用户行为数据的重要组成部分,它详细记录了用户借阅图书的具体信息,包括书名、作者、出版信息、借阅时间、归还时间等。这些详细的信息全面反映了图书馆用户的阅读偏好和借阅行为。通过分析借阅记录,图书馆可以了解用户的阅读兴趣和需求,进一步调整和优化图书资源的采购和分配,以满足用户的阅读需求。浏览记录是用户在图书馆网站或电子资源平台上浏览资源的记录,它包含了用户浏览的资源类型、标题、浏览时间等信息。这些浏览记录能够直观地展示用户的浏览轨迹,揭示用户的阅读兴趣和信息需求。通过浏览记录的分析,图书馆可以了解用户对特定类型或主题资源的关注度,进而优化电子资源的推荐和展示策略,提高用户的浏览体验和满意度。搜索记录是用户在图书馆搜索引擎中输入的关键词和搜索结果点击情况的记录。这些记录虽然不如借阅记录和浏览记录详细,但同样具有重要的价值。通过分析搜索记录,图书馆可以了解用户的查询意图和信息需求,发现用户对特定主题的关注度和热点话题,同时也可以帮助图书馆优化搜索引擎的算法和排名策略,提高搜索结果的准确性和相关性。

借阅记录、浏览记录和搜索记录作为图书馆用户行为数据的重要组成部分,具有重要的价值。通过深入分析这些数据，图书馆可以更好地了解用户、优化资源和服务、提高用户满意度和忠诚度。在保障用户隐私的前提下，图书馆应积极探索用户行为数据的合理应用，为用户提供更加个性化和智能化的服务。随着技术的不断进步和服务的不断创新，图书馆还应不断完善用户行为数据的收集和分析方法，以适应数字化时代图书馆发展的需求。

2.相关性分析

在深入探讨借阅记录与浏览记录的相关性，以及搜索记录与借阅记录、浏览记录的相关性之前，需要理解这些数据类型各自所承载的信息以及它们在用户行为分析中的角色。借阅记录反映了用户实际借阅的图书信息，是用户直接表达阅读需求的一种方式；浏览记录则记录了用户在图书馆或在线平台浏览的图书资源，反映了用户的潜在阅读兴趣和需求；而搜索记录则是用户通过输入关键词来查找特定资源的记录，它体现了用户寻找信息或资源的主动性和明确性。

这三类数据在图书馆或在线阅读平台的服务和管理中扮演着至关重要的角色。通过对这些数据进行深入分析，可以更好地理解用户的阅读偏好、行为模式以及需求变化，进而优化图书资源配置、提升服务质量、推动个性化阅读推荐等。同时，相关性分析也有助于发现数据之间的潜在联系和规律，为预测用户行为、制定营销策略等提供有力支持。

借阅记录和浏览记录都反映了用户的阅读兴趣和需求，虽然它们侧重点略有不同，但在一定程度上是相互补充的。在实际应用中，可以观察到借阅记录和浏览记录之间的紧密联系。一方面，用户在浏览过程中可能会发现感兴趣的图书并进行借阅，这意味着浏览记录可以作为预测借阅行为的重要依据。另一方面，用户在借阅某本图书后，可能会进一步浏览与该图书相关的其他资源，以深入了解或拓展阅读领域。因此，借阅记录也可以作为推荐相关浏览资源的重要依据。通过深入分析借阅记录和浏览记录的相关性，可以发现一些有趣的规律。例如，某些类型的图书在借阅记录和浏览记录中都表现出较高的热度，这说明这些图书深受用户喜爱，可以适当增加这些图书的库存或优化推荐策略。同时，还可以发现一些借阅记录和浏览记录之间的差异，例如，某些图书在借阅记录中表现不佳但在浏览记录中却备受关注，这可能意味着这些图书的推广或展示方式需要进一步优化。

搜索记录是用户借阅或浏览行为的前奏。用户在决定借阅或浏览某本图书之前，通常会通过搜索来查找相关资源或了解相关信息。因此，搜索记录可以提供用户借阅或浏览需求的早期信号，有助于提前预测用户的后续行为。另外，搜索记录中的关键词可以提供用户兴趣和需求的直接线索。通过分析搜索记录中的关键词，可以了解用户关注的话题、领域或特定图书，进而为用户推荐更符合其兴趣的资源。同时，搜索记录中的关键词也可以作为优化图书资源配置的重要依据，帮助更好地满足用户的需求。搜索记录还可以帮助发现用户借阅或浏览行为中的潜在规律和趋势。例如，通过对比不同时间段的搜索记录，可以发现用户兴趣和需求的变化趋势；通过分析搜索记录与借阅记录、浏览记录之间的关联关系，可以发现用户在不同阶段的行为特点和规律。

三、数据清洗与预处理

数据清洗与预处理是图书馆在进行数据挖掘、信息分析和知识管理过程中的关键步骤。

随着数字化时代的到来,图书馆所积累的数据量不断增大,数据类型也愈发多样。这些数据中不仅包含了丰富的图书信息、借阅记录,还涵盖了用户行为、偏好等多方面的信息。然而,这些数据往往存在着重复、错误和无关的问题,如果不经过有效地清洗和预处理,将会对后续的数据分析和决策产生极大的干扰。因此,图书馆必须重视数据清洗与预处理工作,确保数据质量,为后续的分析和决策提供坚实的基础。

去除重复、错误和无关的数据是数据清洗的核心任务。图书馆中的数据重复问题可能源于多个来源的数据导入、人工录入错误等原因。为了解决这个问题,图书馆需要采用一系列技术手段,如哈希算法、相似度匹配等,对数据进行去重处理。对于错误数据,图书馆需要建立有效的数据校验机制,通过设定数据范围、格式规范等条件,对不符合要求的数据进行筛选和修正。图书馆还需要根据业务需求,识别并去除与主题无关的数据,以减少数据噪声,提高数据质量。在去除重复、错误和无关数据的同时,图书馆还需要对数据进行格式化、标准化和归一化处理。格式化处理主要是将数据转换为统一的格式,便于后续的处理和分析。例如,将日期格式统一为"年月日"的形式,将文本字段中的特殊字符进行替换或删除等。标准化处理则是将数据按照一定的规则进行转换,消除不同数据之间的量纲差异,使得数据之间具有可比性。例如,对于数值型数据,可以采用最大值－最小值标准化、Z-score 标准化等方法进行处理。归一化处理则是将数据映射到一个特定的范围,如[0,1],以便于后续的算法处理和可视化展示。在进行数据清洗与预处理的过程中,图书馆需要注意以下几点:首先,要充分了解业务需求和数据特点,制定合适的数据清洗与预处理方案。其次,要采用专业的数据处理工具和技术,确保数据处理的准确性和高效性。再次,图书馆还需要建立数据备份和恢复机制,以防数据丢失或损坏。最后,图书馆还应加强对数据清洗与预处理过程的监控和管理,及时发现并解决问题,确保数据质量的稳定性和可靠性。

在数据清洗与预处理的过程中,图书馆还需要注重数据的保密性和安全性。由于图书馆数据中可能包含用户的个人信息、借阅记录等敏感信息,因此在数据处理过程中必须严格遵守相关法律法规和隐私政策,确保用户数据的安全和隐私不受侵犯。图书馆应建立完善的数据安全管理制度和技术防护措施,如数据加密、访问控制等,防止数据泄露和非法访问。此外,图书馆在进行数据清洗与预处理时还应注重数据的完整性和一致性。完整性是指数据应包含所有必要的信息,不应有遗漏或缺失;一致性则是指数据在逻辑上应保持一致,不应出现矛盾或冲突。为了确保数据的完整性和一致性,图书馆需要建立有效的数据校验和验证机制,对数据进行全面检查和核对,及时发现并纠正数据中的问题。最后,图书馆在进行数据清洗与预处理时还应注重与业务人员的沟通和协作。业务人员通常对数据有更深入地了解和认识,他们的意见和建议对于制定合适的数据清洗与预处理方案具有重要的参考价值。因此,图书馆应与业务人员保持密切的沟通和协作,共同推进数据清洗与预处理工作的顺利开展。

通过去除重复、错误和无关的数据,进行格式化、标准化和归一化处理,以及注重数据的保密性、完整性、一致性和与业务人员的沟通协作,图书馆可以确保数据质量,为后续的分析和决策提供有力地支持。随着技术的不断进步和应用场景的不断拓展,图书馆应继续深化数据清洗与预处理技术的研究和实践,为图书馆的信息化建设和知识服务提供更加强大地支撑。

四、数据挖掘技术的应用

数据挖掘技术在图书馆中的应用广泛而深入,它利用关联规则挖掘、聚类分析等高级技术手段,深入挖掘用户行为的规律和特点,从而为图书馆提供更加精准和有效的服务。数据挖掘技术的应用不仅可以提升用户体验,还能优化资源配置,提高图书馆的管理效率和服务水平。

关联规则挖掘是数据挖掘技术中的一种重要方法,它主要用于发现数据项之间的关联关系。在图书馆的应用场景中,关联规则挖掘可以用来分析用户的借阅记录、浏览记录等数据,找出不同书籍、不同类别之间的关联关系。例如,通过关联规则挖掘,图书馆可以发现某些特定的书籍或类别经常同时被借阅,这可以帮助图书馆更好地理解用户的需求和兴趣,从而进行更有针对性地推荐和采购。此外,聚类分析也是数据挖掘技术中的一项关键技术,它可以将大量的数据对象划分为若干个簇或类,使得同一簇内的数据对象具有较大的相似性,而不同簇之间的数据对象则具有较大的差异性。在图书馆的应用中,聚类分析可以用来对用户进行分类,例如根据用户的借阅历史、阅读习惯、兴趣爱好等信息,将用户划分为不同的群体。通过对这些群体的特征进行深入分析,图书馆可以更加精准地理解不同类型用户的需求和偏好,从而提供更加个性化的服务。结合图书馆业务场景,数据挖掘技术的应用可以体现在多个方面。首先,在资源采购方面,图书馆可以利用数据挖掘技术来分析用户的借阅需求和偏好,根据分析结果来制定更加合理的采购计划,减少资源的浪费和重复。其次,在读者服务方面,图书馆可以通过数据挖掘技术来发现用户的阅读规律和特点,为用户推荐更加符合其兴趣和需求的书籍和资源,提升用户的阅读体验和满意度。最后,数据挖掘技术还可以应用于图书馆的决策支持系统中,通过对大量数据的分析和挖掘,为图书馆的管理和决策提供有力支持。

具体来说,图书馆可以通过构建用户行为数据库,收集并分析用户的借阅记录、浏览记录、搜索记录等数据,利用关联规则挖掘和聚类分析等方法来发现用户行为的规律和特点。例如,通过关联规则挖掘,图书馆可以发现用户借阅某类书籍后通常会继续借阅哪些相关书籍;通过聚类分析,图书馆可以将用户划分为不同的阅读群体,并针对不同群体的特点制定相应的服务策略。这些分析结果可以为图书馆的资源采购、读者服务、决策支持等方面提供有力支持。图书馆还可以利用数据挖掘技术来优化其业务流程和服务模式。例如,通过挖掘用户的借阅历史和阅读习惯,图书馆可以预测用户的需求趋势,提前做好准备和调整;通过挖掘用户的反馈和评价信息,图书馆可以了解用户对服务的满意度和改进方向,从而不断提升服务质量。

五、数据分析结果的呈现

将数据分析结果以图表形式呈现,是一种直观且易于理解的方式。图书馆可以根据数据的性质和目的,选择适合的图表类型,如柱状图、折线图、饼图、散点图等,来展示数据的分布、趋势、比例等关键信息。通过图表,用户可以迅速捕捉数据的核心要点,形成直观的认识和判断。同时,图表的色彩、标注和布局等设计元素,也可以增强视觉效果,提升用户的阅读体验。

除了图表,报告也是呈现数据分析结果的重要形式。报告通常包括数据的来源、分析方法、结果解读以及建议等内容,具有系统性、全面性和深入性的特点。在编写报告时,图书馆需要确保数据的准确性和可靠性,采用科学严谨的分析方法,并结合图书馆的实际情况和业务需求,对结果进行深入的解读和探讨。同时,报告还需要注意语言的准确性和简洁性,避免使用过于专业或晦涩难懂的术语,以便于不同利益相关者能够轻松理解。针对不同的利益相关者,图书馆需要提供定制化的数据解读和建议。例如,对于图书馆管理层,可以重点关注馆藏资源的利用率、读者借阅行为、服务满意度等方面的数据分析结果,为他们提供决策支持和改进方向;对于图书馆员,可以关注工作效率、读者需求、资源采购等方面的数据分析结果,帮助他们优化工作流程和提升服务质量;对于读者,可以展示图书馆的借阅排行榜、热门书籍推荐、个性化阅读建议等信息,提升他们的阅读体验和满意度。

在呈现数据分析结果时,图书馆需要注意以下几点:一是确保数据的时效性和更新频率,以便及时反映图书馆的最新情况和变化;二是加强数据安全和隐私保护,确保用户信息和数据不被泄露或滥用;三是加强与利益相关者的沟通和互动,收集他们的反馈和建议,不断优化数据分析方法和呈现方式。另外,图书馆还可以利用现代技术手段,如数据可视化工具、交互式报告等,提升数据分析结果的呈现效果和使用价值。这些工具可以帮助用户更深入地挖掘数据背后的信息和规律,发现潜在的问题和机会,为图书馆的运营和管理提供更加全面和深入地支持。

在图书馆层面,数据分析结果的呈现不仅可以优化资源配置,提高运营效率,还可以提升读者服务体验,促进知识传播和文化交流。通过深入分析借阅数据、读者行为等数据,图书馆可以更加精准地了解读者的阅读需求和偏好,进而优化馆藏结构,提升图书的利用率和借阅率。同时,根据数据分析结果,图书馆还可以制定更加个性化的服务策略,如为读者推荐符合其兴趣和需求的书籍、提供定制化的阅读建议等,从而提升读者的阅读体验和满意度。数据分析结果的呈现还有助于图书馆在运营管理方面作出更加科学、合理的决策。例如,通过对读者借阅行为的分析,图书馆可以了解各类图书的借阅量、借阅频率等信息,从而更加合理地安排图书的采购和调配计划。同时,数据分析还可以帮助图书馆发现运营中的问题和瓶颈,如借阅高峰期的服务压力、读者反馈中的共性问题等,进而制定针对性的改进措施,提升图书馆的运营效率和服务质量。

在数字化、智能化的时代背景下,图书馆需要不断创新和优化数据分析结果的呈现方式,以适应日益复杂多变的信息环境和用户需求。通过不断探索和实践,图书馆可以将数据分析结果转化为有价值的信息和知识,为图书馆的可持续发展贡献智慧和力量。

第二节 用户行为分析在图书馆服务改进中的应用

一、服务效率的提升

为提升服务效率,需深入分析用户借阅、归还等行为,包括时长、频率、高峰期和低谷期等数据。通过对比不同时间段和借阅方式的效率,识别服务瓶颈和潜在问题。针对借阅高峰期排队过长,可采取增设借阅台、优化布局、引入自助系统等措施;针对归还流程繁琐,可简化流程、应用 RFID 技术减少人工操作。同时,优化图书分类、排架等工作,提升图书查找效率。制定并实施优化方案时,需加强员工培训,确保其业务能力和服务意识。实施过程中,需关注服务效率变化,及时调整方案,并定期评估总结,发现新的优化点。加强与用户沟通,了解用户意见,以满足用户需求,提升满意度。

【应用案例1】

某大学图书馆,作为校内重要的学术资源和服务中心,每日接待大量师生进行图书借阅、归还及信息查询。然而,随着读者需求的多样化和数量的增加,图书馆逐渐面临服务效率的挑战,尤其是在借阅和归还环节。为了提升服务效率,减少读者等待时间,图书馆决定借助用户行为分析,结合 RFID 技术和自助服务理念,对服务流程进行全面优化。

1.用户行为数据收集与预处理

图书馆首先利用自动化管理系统,收集了过去一年的借阅和归还数据,包括借阅时长、归还时长、借阅频率、归还频率、高峰期和低谷期等。数据经过清洗和预处理,确保分析的准确性和可靠性。

2.深度数据分析

借助数据分析工具,图书馆对收集到的数据进行深度挖掘。通过时间序列分析,发现借阅和归还的高峰期和低谷期;通过关联规则挖掘,发现借阅行为与读者类型、图书类型等之间的关联关系;通过聚类分析,将读者群体划分为不同类型,以便进行更精准的服务优化。

3.服务瓶颈与问题识别

基于数据分析结果,图书馆识别出以下服务瓶颈和潜在问题:第一,借阅高峰期时,借阅台前的读者排队时间过长,平均等待时间超过 15min,严重影响读者体验。第二,归还图书的流程繁琐,需要人工扫描条形码并核对信息,平均归还时间超过 2min,效率低下。第三,图书分类和排架不够科学合理,读者查找和定位图书困难,平均查找时间超过 3min。

4.优化方案制定与实施

图书馆在借阅高峰期增加了多台自助借阅设备,并重新优化了借阅区域的布局,确保读者能够更方便快捷地使用自助设备。同时,图书馆还对自助设备进行了界面优化和功能升级,提高了自助借阅的效率和便捷性。图书馆为每本图书贴上了 RFID 标签,并引入了 RFID 识别器。读者在归还图书时,只需将图书放在识别器上,系统即可自动识别图书信息并完成归还手续。这一举措大大简化了归还流程,将平均归还时间缩短至 1min 以内。图书馆对图书分类和排架进行了全面优化,引入了《中国图书馆分类法》的最新版本,对图书进行了更科学合理地分类和排列。同时,图书馆还引入了智能导航系统,读者可以通过系统输入图书信息,快速查找和定位图书位置,将平均查找时间缩短至 1min 以内。实施优化方案后,图书馆对服务效率进行了定期评估。结果显示,借阅高峰期的读者等待时间平均缩短了 10min,归还图书的时间也大幅减少至 1min 以内。同时,读者对图书馆的满意度也有了显著提升,特别是自助借阅设备和 RFID 技术的引入受到了广泛好评。为了持续改进服务效率,图书馆还加强了与读者的沟通和反馈机制。通过设立意见箱、在线反馈平台以及定期举办读者座谈会等方式，图书馆及时收集读者对服务的意见和建议，并根据反馈结果不断调整和优化服务流程。例如，根据读者反馈，图书馆进一步增加了自助借阅设备的数量，并优化了设备布局和界面设计；同时，还对图书分类和排架进行了微调，以更好地满足读者的需求。

二、资源配置的优化

资源配置优化对图书馆、信息中心等资源密集型机构至关重要。通过深入分析用户行为，可精准把握用户对资源的访问频率和偏好，从而优化图书、期刊等资源配置，满足用户需求，提升服务质量。同时，基于用户行为数据预测未来资源需求，提前采购和调配资源，确保充足供应和高效利用。在优化过程中，需收集并分析用户行为数据，如借阅记录、浏览历史、搜索行为等，以了解用户对各类资源的访问频率、偏好及使用习惯。据此，有针对性地进行资源配置，如增加高借阅量、高受欢迎度资源的库存，减少低借阅量资源的库存或进行其他优化调整。此外，根据用户行为数据预测结果，提前采购和调配资源，满足未来需求。同时，注重数据准确性和完整性，加强与用户沟通，收集反馈意见，及时发现并改进资源配置问题。机构还需不断学习和更新资源配置方法和手段，适应市场需求和用户行为的变化。

【应用案例2】

某市公共图书馆，作为该城市的文化枢纽，拥有广泛的图书、期刊、电子资源及多媒体资料。然而，随着市民阅读需求的日益多样化和文化活动的频繁举办，图书馆面临着资源配置的严峻挑战。为了更精准地满足市民的阅读和文化活动需求，提升服务质量，图书馆决定运用先进的用户行为分析工具来优化资源配置。

1.用户行为数据收集与分析

图书馆利用其自动化管理系统（ALMS）和读者服务系统（RSS），全面收集了过去一年的读者借阅记录、在线浏览历史、搜索行为、活动参与记录以及社交媒体互动等多维度用户行为数据。这些数据详细记录了读者的基本信息、借阅的图书和期刊名称、借阅与归还时间，以及参与的文化活动类型、时间、反馈等详细信息。通过对这些海量数据进行深入分析，图书馆发现了一些显著的趋势和模式：儿童绘本和青少年文学类图书的借阅量持续保持高位，尤其在周末和寒暑假期间；健康养生、烹饪美食和心理学等主题的图书和期刊在特定时间段（如春季养生季、节假日）内借阅量急剧增加。另外，市民的搜索行为显示出一定的季节性规律，例如与当地文化节日、庆典活动相关的关键词搜索频率在特定时期会显著上升。

2.资源配置优化策略

基于用户行为数据的深入分析，图书馆制定了一系列具体的资源配置优化策略：针对借阅量高、受欢迎程度高的儿童绘本和青少年文学类图书，图书馆采用实时库存管理系统（RIMS）进行动态监控，并在周末和假期前进行适时补充，以确保市民能够及时借阅到所需图书。对于借阅量较低、受欢迎程度较低的资源，图书馆采用资源再分配策略（RAR），将这些资源转移至存储区域或与其他图书馆进行资源共享，以释放更多空间用于存放热门资源。图书馆运用数据分析和预测模型（DAPM），对历史借阅数据进行深度挖掘，预测未来一段时间内市民对各类资源的需求趋势。例如,针对即将到来的春季养生热潮,图书馆提前准备了相关的健康养生类图书和期刊,并根据预测结果进行了有针对性地采购。图书馆还根据市民的文化活动参与行为,动态调整资源配置。例如,在举办特定主题的文化活动时,图书馆会增加相关主题图书和资料的库存量,并通过活动推荐系统(ARS)向市民推送相关资源。

3.实施效果与持续改进

实施资源配置优化策略后,图书馆对服务效果进行了全面评估。结果显示,热门资源的借阅满足率显著提升,市民等待时间大幅减少。同时,冷门资源的空间占用得到有效控制,为图书馆释放了更多存储空间。为了持续改进资源配置效果,图书馆加强了与市民的沟通和反馈机制。通过设立意见箱、在线反馈平台以及定期举办读者座谈会等方式,图书馆及时收集市民对资源配置的意见和建议,并根据反馈结果不断调整和优化资源配置策略。此外,图书馆还积极与其他文化机构合作,共同举办文化活动,进一步丰富市民的文化生活。

三、个性化服务的推广

在信息爆炸的时代,如何为用户提供精准、高效的个性化服务是一大挑战。因此,基于用户行为数据的个性化服务推广至关重要。通过深度挖掘和分析用户行为数据,如浏览、搜索、购买、评价记录,可获取用户兴趣、阅读习惯等信息,为用户提供相关书籍、活动等资源推荐,实现个性化服务。同时,结合用户画像和行为分析,提供定制化的阅读建议和方案。另外,推广个性化服务需利用社交媒体、广告等渠道宣传,吸引更多用户;与机构和企业合作,共同推广,扩大影响力;注重用户体验和数据安全,优化推荐算法和服务流程,保护用户数据安全和隐私。未来,随着技术进步和应用场景拓展,个性化服务将在更多领域得到广泛应用,为用户带来便捷、舒适和个性化地体验。

【应用案例3】

随着数字化和信息化的快速发展,某市公共图书馆面临着前所未有的挑战和机遇。作为一个拥有丰富藏书和多元服务的重要文化中心,该图书馆一直致力于提升用户体验和服务质量。然而,在信息爆炸的时代,用户面临着海量的阅读选择,如何快速、准确地找到符合自己兴趣和需求的资源成为了一大难题。为了应对这一挑战,该图书馆决定引入用户行为分析技术,通过深度挖掘和分析用户在平台上的行为数据,实现个性化服务的推广。他们希望通过这种方式,为用户提供更加精准、高效的阅读推荐和定制化的服务方案,从而提升用户的满意度和忠诚度,进一步增强图书馆的核心竞争力。

1.用户行为数据的全面收集与深度分析

该图书馆通过其自动化管理系统(ALMS)和读者服务系统(RSS),全面、实时地收集用户在平台上的多维度行为数据,包括浏览记录、搜索记录、借阅记录、评价记录等。这些数据被整合到一个用户行为数据库(UBD)中,以便进行后续的分析和挖掘。为了深度分析这些数据,图书馆采用了先进的数据挖掘技术,如关联规则挖掘、聚类分析等,以发现用户的阅读兴趣、阅读习惯、消费习惯等潜在模式。例如,通过关联规则挖掘,图书馆发现一部分用户经常同时借阅关于科技创新和人工智能的书籍,而另一部分用户则更偏爱文学类作品,尤其是现代小说。

2. 基于用户画像和行为分析的个性化服务实现

基于用户画像和行为分析的结果,图书馆开始实施个性化服务。当用户登录图书馆网站或 APP 时,系统会根据其历史行为和兴趣偏好,通过推荐算法(如协同过滤算法、基于内容的推荐算法等)为其推荐相关的书籍、期刊和电子资源。例如,一个经常借阅科技创新书籍的用户,会被推荐最新的科技期刊、相关的电子书籍以及人工智能领域的经典著作。此外,图书馆还利用用户的地理位置和时间信息,提供定制化的文化活动推荐。当用户身处图书馆附近时,系统会基于地理位置信息推送即将开始的讲座、展览或阅读俱乐部的活动信息。这种基于地理位置的个性化推荐(LBS-based Personalized Recommendation)有效提高了用户对图书馆活动的参与度。

3. 个性化服务的多渠道推广策略

为了推广个性化服务,图书馆采取了多种策略。他们在社交媒体上发布宣传内容,展示个性化服务如何帮助用户更快地找到所需资源,并通过用户生成内容(UGC)和口碑营销(WOM)吸引更多潜在用户。图书馆还与当地学校、社区和企业合作,通过跨界合作(Cross-Sector Collaboration)共同推广个性化服务,扩大其影响力和应用范围。

4. 用户体验与数据安全的双重保障

在推广个性化服务的过程中,图书馆始终注重用户体验和数据安全。他们不断优化推荐算法和服务流程,通过 A/B 测试(A/B Testing)和用户体验测试(UX Testing)确保推荐的准确性和效率。图书馆还加强了用户数据的保护和管理,采用了先进的加密技术(如 AES 加密算法)和访问控制策略(如 RBAC 模型),确保用户数据的安全和隐私不被泄露或滥用。

个性化服务推广后,该图书馆的用户满意度和借阅量均显著提升。用户反馈表示,他们现在能够更快地找到感兴趣的书籍和活动,图书馆的服务变得更加贴心和高效。通过对比分析和用户满意度调查,图书馆发现个性化服务的推广对提升用户黏性和图书馆品牌形象也起到了积极作用。

四、用户体验的提升

用户体验是图书馆服务的核心关注点,提升用户满意度至关重要。为提升用户体验,深入分析用户在使用过程中遇到的痛点与不满,图书馆针对性地提出了改进措施。引入智能化图书检索系统,通过关键词搜索、语义识别等技术,提高检索准确性和效率,并优化图书分类方式,便于用户查找。针对用户反映的阅读环境问题,如座位不足、噪声大等,计划增加座位数量、设置不同类型座位,并加强噪声管理,设立静音区域,降低噪声影响。

在关注用户体验的过程中,图书馆注意到用户在使用服务时还面临的其他不便问题,如开放时间不够灵活、自助借还书设备操作不便等。为此,计划调整开放时间,增加周末和节假日服务,并优化自助设备操作流程,提高易用性和稳定性。在改善服务环境方面,将加强图书馆硬件设施建设,如照明、通风等,确保阅读环境舒适。同时,更新电脑和打印设备,提高性能和稳定性。在软件服务方面,加强咨询服务和导览服务,提供专业指导和帮助。此外,还将通过举办活动、发布推广信息等方式,吸引更多用户使用和体验图书馆服务。

【应用案例4】

某市公共图书馆在致力于提升用户体验的过程中,深入应用了用户行为分析技术,通过全面了解和优化用户在图书馆使用过程中的关键环节,实现了用户体验的显著提升。

1. 智能化的图书检索系统:提升检索效率与准确性

传统的图书分类和检索方式已无法满足现代用户的需求。该图书馆通过用户行为分析系统,发现用户在检索图书时经常遇到准确性和效率问题。为此,图书馆引入了基于自然语言处理(NLP)和机器学习技术的智能化图书检索系统——"智搜图书"。该系统利用关键词搜索、语义识别等技术,能够更准确地理解用户的查询意图,并提供相关的图书推荐。同时,图书馆还对图书分类方式进行了优化,采用《中国图书馆分类法》第五版(CLC5)作为分类标准,使得图书摆放更为合理,便于用户查找。这一改进显著提升了用户检索图书的效率和准确性,减少了用户在寻找图书过程中的时间和精力消耗。

2. 阅读环境优化:增强用户舒适度与满意度

用户行为分析还揭示了用户在图书馆阅读环境方面的不满。一些用户反映图书馆的座位不足,且类型单一;还有一些用户表示图书馆的噪声较大,影响了他们的阅读体验。针对这些问题,图书馆采取了多项措施。首先,图书馆增加了座位数量,并设置了不同类型的座位,如单人阅读座位、小组讨论座位、多媒体学习座位等,以满足不同用户的需求。其次,图书馆加强了噪声管理,设立了静音区域,并加强巡逻,确保阅读环境的安静。最后,图书馆还引入了环境监控系统,实时监测并调节室内的温度、湿度和光照强度,以创造更加舒适的阅读环境。这些措施有效提升了用户在图书馆的阅读舒适度,增强了用户的满意度和忠诚度。

3. 灵活调整开放时间:满足用户多样化需求

通过用户行为分析,图书馆还注意到用户在开放时间方面的需求。一些用户反映图书馆的开放时间不够灵活,无法满足他们的借阅需求。为了解决这个问题,图书馆对开放时间进行了调整,增加了周末和节假日的开放时间,并引入了"24小时自助服务区",以便更好地满足用户的借阅需求。这一改进使得更多用户能够在自己需要的时间段内使用图书馆的资源和服务,提升了用户的便利性和满意度。

4. 自助借还书设备优化:提升易用性和稳定性

用户行为分析还发现了一些用户在使用自助借还书设备时遇到的问题。一些用户表示设备的操作流程不够便捷,且偶尔出现故障。为了解决这个问题,图书馆对自助借还书设备进行了全面升级。首先,图书馆引入了基于触摸屏和语音识别技术的"智能借还书终端",简化了操作流程,提高了设备的易用性。其次,图书馆加强了设备的定期维护和更新工作,确保设备的正常运行和用户的顺畅使用。最后,图书馆还设置了专门的设备故障报修系统,用户可以通过手机APP或网站在线报修设备故障,提高了故障处理的及时性和效率。这些改进降低了用户在使用自助借还书设备时的难度和不便,提升了用户的满意度和使用体验。

5. 硬件设施与软件服务升级:打造优质阅读环境

在改进服务环境方面,图书馆注重提升硬件设施和软件服务。在硬件设施方面,图书馆加强了照明和通风设施建设,引入了先进的LED照明系统和智能通风系统,确保阅读环境的舒适和健康。同时,图书馆还更新了电脑和打印设备,采用了高性能的计算机和多功能打印机,提高了设备的性能和稳定性。在软件服务方面,图书馆加强了咨询服务和导览服务,引入了"智能咨询机器人"和"虚拟导览系统",为用户提供更加专业、便捷地指导和帮助。此外,图书馆还加强了读者活动和推广工作,通过举办各类讲座、展览、读书会等活动,以及发布推广信息、建立社交媒体账号等方式,吸引更多的用户来到图书馆使用服务。

五、服务质量的监控与评估

图书馆在建立服务质量监控体系时,应明确服务质量标准和指标,如服务响应时间、准确性、满意度等,以全面反映服务各方面,并指导数据收集和分析。建立用户行为数据收集机制,通过问卷调查、访谈、系统日志等方式定期收集用户数据,包括借阅量、查询频率、访问时长等,以反映服务实际使用情况。在数据收集和分析过程中,图书馆需注重数据的准确性和可靠性,确保问卷设计的合理性、发放的广泛性和代表性,以及系统日志的完整性和可追溯性。定期对数据分析模型进行验证和优化,以确保分析结果的准确性和有效性。根据收集到的数据和分析结果,图书馆可以对服务质量进行量化评价和比较,如计算服务响应时间的平均值、标准差,服务准确率的百分比,以及用户满意度的得分或评级。这些量化指标有助于图书馆对服务质量进行客观评价,并为服务策略的调整提供明确方向和目标。根据服务质量评估结果,图书馆应及时调整服务策略,以提升服务质量和水平。具体措施包括优化服务流程、提升服务人员素质和能力、加强服务创新和个性化服务,以及加强用户沟通和反馈机制建设。在提升服务质量和水平的过程中,图书馆还应注重持续改进和创新,跟进新技术和新理念,探索新的服务模式和方法,如引入人工智能技术、开展线上线下融合的服务模式,以及跨界合作和创新实践。

【应用案例5】

某市公共图书馆在致力于提升服务质量的过程中,深入应用了用户行为分析技术,借助先进的数据收集、处理与分析工具,建立和完善了服务质量监控与评估体系,实现了服务质量的显著提升。

1. 明确服务质量标准和指标

图书馆首先明确了服务质量的标准和指标,这些指标涵盖了服务响应时间、服务准确性、服务满意度等多个维度,并且都具体到了可操作的层面。例如,服务响应时间指标被细化为"用户咨询响应时间不超过5min,响应率需达到95%以上""用户借阅请求处理时间不超过10min,处理成功率需达到98%以上"等具体要求;服务准确性指标则要求图书馆员工提供的咨询信息或服务内容必须准确无误,且经过双重核对,准确率需达到99%以上;服务满意度指标则通过用户反馈来评估图书馆服务的整体满意度,具体通过用户满意度调查问卷中的评分项来衡量,满意度平均分需达到85分以上。

2. 建立用户行为数据收集机制

图书馆建立了全面的用户行为数据收集机制,通过问卷调查、用户访谈、系统日志等多种方式,定期收集用户在使用图书馆服务过程中的数据。这些数据涵盖了用户借阅量、查询频率、访问时长、页面浏览路径、点击行为等,以全面反映用户对图书馆服务的实际使用情况。例如,图书馆每季度进行一次用户满意度问卷调查,采用Likert量表对用户满意度进行量化评分,每次调查覆盖不少于1000名活跃用户;同时,图书馆还通过系统日志收集用户的查询行为、借阅行为等数据,利用数据可视化工具进行呈现,以便更深入地了解用户的使用习惯和需求。系统日志每天收集的数据量超过10GB,涵盖了数百万条用户行为记录。

3.数据分析与挖掘

图书馆建立了先进的数据分析模型,对收集到的数据进行深入分析和挖掘。通过数据分析,图书馆能够发现服务中存在的问题和不足,为服务策略的调整提供科学依据。例如,通过分析用户满意度问卷数据,图书馆发现部分用户对图书馆的服务响应时间不满意,于是利用时间序列分析技术对服务响应时间数据进一步分析,找出了响应时间较长的具体环节和原因,发现主要集中在高峰时段的咨询窗口;同时,通过系统日志数据的分析,图书馆利用文本挖掘技术发现了用户查询行为中的一些高频词汇和热点话题,如"人工智能""大数据分析"等,这为图书馆优化馆藏资源和提供个性化服务提供了有力支持。

4.量化评估与比较

在评估服务质量方面,图书馆根据收集到的数据和分析结果,对服务质量进行了量化评估和比较。图书馆计算了服务响应时间的平均值、中位数、标准差等指标,以全面评估服务的稳定性和效率;同时,还计算了服务准确率的百分比,以评估服务的准确性和可靠性;此外,还利用用户满意度调查问卷中的评分项计算了用户满意度的平均得分和分布情况,以评估服务的整体满意度。这些量化指标不仅有助于图书馆对服务质量进行客观评价,还为服务策略的调整提供了明确的方向和目标。例如,通过数据分析发现,服务响应时间的平均值为4.5min,中位数为3min,标准差为2min,表明服务响应时间整体稳定且效率较高;服务准确率为99.2%,达到了预期目标;用户满意度的平均得分为87分,表明用户对图书馆服务的整体满意度较高。

5.服务策略调整与优化

根据服务质量评估结果,图书馆及时调整了服务策略,以提升服务质量和水平。具体来说,图书馆从以下几个方面进行了优化:一是优化服务流程,通过引入自动化设备和智能化系统,减少了不必要的环节和等待时间,提高了服务效率。例如,在咨询窗口引入了智能问答机器人,有效缓解了高峰时段的咨询压力;二是提升服务人员素质和能力,加强了培训和教育,提高了服务水平和专业素养。特别是加强了图书馆员对用户行为分析技术的理解和应用能力,使他们能够更好地利用数据来优化服务;三是加强服务创新和个性化服务,根据用户需求和偏好,利用用户行为分析技术提供定制化的服务内容和方式。例如,开发了个性化推荐系统,根据用户的借阅历史和查询行为为其推荐相关书籍和文献;四是加强用户沟通和反馈机制建设,通过设立用户反馈渠道、定期召开用户座谈会等方式,及时收集和处理用户反馈和意见。例如,设立了用户意见箱和在线反馈平台,定期整理和分析用户反馈,不断改进和提升服务质量。

参考文献

[1]王娇.5G时代智慧图书馆服务创新研究[J].图书馆学刊,2022,44(1):59-62.

[2]樊俊,杨灿明,崔薇.智慧时代背景下高校智慧图书馆服务创新研究[J].河南图书馆学刊,2022,42(3):72-76.

[3]陈鸿.智慧图书馆服务创新体系构建及实现路径研究[J].兰台内外,2022(2):43-45.

[4]韩怡.5G时代智慧图书馆服务创新研究[J].参花,2023(12):119-121.

[5]朱贵荣.新时代高校智慧图书馆学科服务的实践与发展研究——《高校智慧图书馆服务创新研究》荐读[J].情报理论与实践,2023,46(5):210.

[6]姚佳含.5G智慧图书馆服务创新探究[J].文苑,2022(7):111-113.

[7]陈宇.智慧图书馆服务创新体系构建[J].文苑,2022(19):93-95.

[8]杨雪梅,李丹,陈兴刚.大数据时代智慧图书馆服务创新与发展路径探索[J].智库时代,2022(8):1-4.

[9]李一男.5G时代智慧图书馆服务创新的可行路径[J].商情,2022(10):109-111.

[10]周婉琳.智慧图书馆时代新疆高校图书馆服务创新探析——以新疆师范大学图书馆为例[J].数字化用户,2024(17):165-166.

[11]张海燕.智慧社会创新体系变革背景下高校智慧图书馆服务研究[J].科技视界,2023(15):105-108.

[12]崔芳,彭美玲.智慧时代的高校图书馆服务创新研究[J].佳木斯职业学院学报,2023,39(9):55-57.

[13]张海燕.智慧社会创新体系变革背景下高校智慧图书馆服务研究[J].科技视界,2023(16):87-89.

[14]战立红.高校智慧图书馆服务现状及创新研究[J].吉林工程技术师范学院学报,2023,39(12):54-56,82.

[15]马凌云.新时代高校智慧图书馆服务平台的构建策略——评《智慧图书馆建设与服务创新

研究》[J].中国高校科技,2023(6):后插5.

[16]李艳梅,蒋自奎,印伟,等.数据支撑服务育人智慧引领转型发展——第四届安徽省高校图书馆服务创新案例大赛综述[J].大学图书情报学刊,2022,40(2):67－73.

[17]张奇云,李超.智慧社会创新体系变革背景下高校智慧图书馆服务研究[J].图书馆,2022(7):29－36,78.

[18]谢琳琳.智慧图书馆建设背景下的公共图书馆服务创新探究——以白云区图书馆白云新城馆为例[J].参花,2023(1):110－112.

[19]侯志江.智慧图书馆建设之"渔"[J].新世纪图书馆,2023(10):5－12.

[20]苗美娟,陆晓曦,张皓珏.中国特色公共图书馆事业十年回顾与展望[J].中国图书馆学报,2023,49(1):22－37.

[21]王世伟.以中国式现代化全面推进中国图书馆事业新发展——基于人口规模巨大的现代化的思考[J].图书情报知识,2023,40(1):6－12.

[22]张华.面向用户需求的高校图书馆体系化建设研究[J].河南图书馆学刊,2023,43(8):80－82.

[23]康娜,郝亚楠,李芳芳,等.6G时代图书馆变革与发展策略[J].山东图书馆学刊,2023(2):16－23.

[24]林宽欣.用户需求与文化空间——公共图书馆服务创新管见[J].图书馆学刊,2023,45(4):96－99.

[25]李冬梅.图书馆虚拟数字人:内涵特征、信息模型与应用场景[J].新世纪图书馆,2023(7):51－57,73.

[26]文伟.元宇宙赋能智慧图书馆服务:重大变革、问题挑战及实现策略[J].图书馆理论与实践,2023(5):120－128.

[27]王惠君.建设面向未来和大众的新型图书馆服务体系[J].图书馆论坛,2023,43(4):7－9,29.

[28]童忠勇,夏恩赏.公共图书馆数字资源智慧化服务探究[J].图书馆学刊,2023,45(2):74－78.

[29]杨帆.公共图书馆少儿科普阅读推广活动创新研究——以重庆图书馆"智慧空间站"为例[J].科技风,2023(7):137－139.

[30]王晓丽,韩超.5G时代高校智慧图书馆的变革与发展[J].办公室业务,2023(3):186－188.

[31]杨玉枝.互联网传播视域下高校图书馆服务创新研究[J].传媒论坛,2023,6(8):108－110.

[32]邱莉鑫.大数据时代高校图书馆智慧服务探讨[J].科技资讯,2023,21(9):208－211.

[33]赵晓.智慧图书馆服务平台生态服务要素与生态系统构建研究[J].河南图书馆学刊,2024,

44(1):127-130,140.

[34]张馨木.智慧图书馆的发展路径研究[J].造纸装备及材料,2023,52(11):177-179.

[35]沈红梅.嘉兴礼堂书屋服务提升探索[J].图书馆研究与工作,2024(1):16-17.

[36]白薇.从空间到服务:智慧图书馆空间服务创新机制研究[J].图书馆界,2023(5):69-74.

[37]张丽琼.地方高校图书馆高质量发展:生成逻辑、现实困囿与实践进路[J].玉溪师范学院学报,2023,39(2):128-132.

[38]杨桂兰.大数据时代高校图书馆智慧服务策略探讨[J].南北桥,2023(7):175-177.

[39]陈晓.新基建模式下智慧图书馆服务升级与融合发展[J].办公自动化,2023,28(18):22-24.

[40]徐慧.人工智能环境下公共图书馆服务优化策略研究[J].河南图书馆学刊,2024,44(3):49-51.